Editorial

Über die Hälfte der Deutschen lebt in ländlichen Landkreisen und Gemeinden. Eine Umfrage der Bundesstiftung Baukultur zeigt sogar, dass nur 21 % der Menschen in Großstädten und Ballungsräumen leben würden, könnten sie ihren Wohnort unabhängig von anderen Faktoren wählen. Das ist eine beeindruckende Tatsache: Mehr als drei Viertel der Deutschen präferieren demnach Landgemeinden und Kleinstädte.

Damit ist eine besondere Verantwortung für die Politik verbunden, und zwar in Kommunen, Ländern und im Bund. Vollkommen zu Recht ging es in der Kommission „Gleichwertige Lebensverhältnisse" um die Förderung der Bedingungen, durch die Menschen tatsächlich dort leben können, wo sie leben wollen. Das ist eine gute Übersetzung des Gleichwertigkeitsbegriffs in die Lebensrealität.

Für die Landkreise bedeutet das in allererster Linie, beständig an der eigenen Attraktivität, an der eigenen Entwicklung zu arbeiten. Es bedarf einer wirtschaftsorientierten, familienfreundlichen und generationenübergreifenden Agenda, die die Unterstützung von Zivilgesellschaft, Unternehmen und Politik braucht. Dazu gehört auch und vor allem gesellschaftliche und soziale Teilhabe. Dies lässt sich natürlich nicht isoliert auf kommunaler Ebene zum Erfolg führen. Zur Sicherstellung einer bedarfsgerechten und sozialraumorientierten Pflege insbesondere in ländlichen Räumen z.B. brauchen wir richtungsweisende Strukturentscheidungen des Bundes – etwa zur verpflichtenden Berücksichtigung der Kreispflegeplanung bei der Zulassung von Pflegeheimen oder bei der hausärztlichen Versorgung, um frühzeitig interessierte Nachwuchs-Mediziner/innen zu gewinnen und durch Umsetzung einer Landarztquote gezielt anzusiedeln. Diese Beispiele zeigen, dass noch erhebliche „Luft nach oben" vorhanden ist, um die ländlichen Räume besser und flexibler auf künftige Entwicklungen vorzubereiten.

Des Weiteren hat die Digitalisierung von Angeboten erhebliches Potenzial, die gesellschaftliche Teilhabe voranzubringen. Hier stehen wir noch relativ am Anfang – vielerorts sind die Voraussetzungen in Form von Glasfaser und schnellem Mobilfunk noch nicht hinreichend verfügbar. Auch das ist eine Aufgabe, die die Kommunen nicht allein stemmen können. Aber auch generell ist in Anbetracht kommunaler Investitionserfordernisse eine bessere, dauerhafte originäre Steuerausstattung der Kommunen notwendig – gerade um den wachsenden Herausforderungen des demografischen Wandels gerecht zu werden.

Prof. Dr. Hans-Günter Henneke
Geschäftsführendes Präsidialmitglied des Deutschen Landkreistages

ARCHIV

für Wissenschaft
und Praxis
der sozialen Arbeit

Vierteljahresheft zur Förderung
von Sozial-, Jugend- und
Gesundheitshilfe

Berlin • 50. Jahrgang • Nr. 4/2019

Begründet von
Prof. Dr. Hans Achinger

Herausgegeben von
Prof. Dr. Peter Buttner

im Auftrag des Deutschen Vereins
für öffentliche und private
Fürsorge e.V.
Michaelkirchstraße 17/18
10179 Berlin
www.deutscher-verein.de

ISSN 0340 - 3564
ISBN 978-3-7841-3141-2

Redaktion: Dr. Sabine Schmitt
Tel. (030) 6 29 80-319
Fax (030) 6 29 80-351
E-Mail: s.schmitt@deutscher-verein.de

Das Archiv für Wissenschaft und Praxis der sozialen Arbeit erscheint vierteljährlich. Der Bezugspreis beträgt 42,70 € (für Mitglieder des Deutschen Vereins 25,90 €) jährlich; Einzelheft 14,50 € (für Mitglieder 10,70 €) inkl. MwSt. zzgl. Versandkosten. Anmeldungen zur Mitgliedschaft nimmt die Geschäftsstelle des Deutschen Vereins entgegen.

Die Auslieferung erfolgt über den Lambertus-Verlag GmbH
Postfach 1026, 79010 Freiburg,
Tel. 0761-36825-0
info@lambertus.de

Alle Rechte, auch das der Übersetzung, sind vorbehalten.

Druck:
Stückle Druck und Verlag, Ettenheim

Veröffentlicht mit Förderung durch das Bundesministerium für Familie, Senioren, Frauen und Jugend (BMFSFJ)

V.i.S.d.P.: Michael Löher

Abbildung Titelseite:
Adobe Stock

Inhalt

Peter Dehne
Ländliche Räume in Deutschland – aktuelle Entwicklungen und ihre Wahrnehmungen 4

Farid El Kholy
Gleichwertige Lebensverhältnisse schaffen für mehr Chancen auf Teilhabe – Strategien der Bundesregierung 18

Jörg Fischer, Theresa Hilse-Carstensen
Familienpolitische Ansätze zur Förderung lokaler Infrastruktur in ländlichen Räumen 26

Dirk Lüerßen
Wie sich Fachkräfte gewinnen und halten lassen: Wachstumsregion Ems-Achse e.V. 36

Heinz Müller, Thorsten Drescher
Die Kinder- und Jugendhilfe im ländlichen Raum – Chancen, Herausforderungen und Perspektiven .. 42

Matthias Sammet
Die Schlüsselfunktionen der Landjugendarbeit .. 51

Barbara Erjauz, Juliane Eichhorn
Die Entwicklung altersfreundlicher ländlicher Gemeinden: das Beispiel Mobilität 58

Stephan Vogt
Das Ostallgäuer Demenzkonzept: Einfach dazugehören 70

Heike Radvan
Diversität und Diskriminierung in ländlichen Räumen Ostdeutschlands 76

Andreas Siegert, Thomas Ketzmerick
Kommunale Integrationspolitik in metropolfernen Räumen 80

Ansgar Drücker
Zivilgesellschaftliche Initiativen gegen rechte Akteure im ländlichen Raum 90

Peter Dehne

Ländliche Räume in Deutschland – aktuelle Entwicklungen und ihre Wahrnehmungen

Der ländliche Raum in Deutschland hat nach dem Zweiten Weltkrieg seine landwirtschaftliche Prägung weitgehend verloren, sich städtischen Lebenswelten angeglichen und sich ausdifferenziert. In Ostdeutschland vollzog sich dieser Wandel schnell und radikal. Als Problemräume werden vor allem periphere, dünn besiedelte ländliche Räume „in der Abwärtsspirale" angesehen. Dies entspricht nicht immer der Wahrnehmung der Bewohner/innen. Dennoch bleibt das zentrale Problem der demografischen Alterung und der Abwanderung bzw. zu geringen Rückwanderung jüngerer Menschen. Kommunen und Staat gemeinsam mit Wirtschaft und Zivilgesellschaft müssen daher Rahmenbedingungen schaffen, damit jede und jeder Einzelne, auch bei ungünstiger sozialer Lage, entsprechend den eigenen Fähigkeiten ein gutes Leben führen kann. Daseinsvorsorge wird somit zu einem Schlüssel für die Entwicklung ländlicher Räume.

Eine kurze Geschichte des ländlichen Raums

Für den Berliner ist ganz Mecklenburg-Vorpommern ländlicher Raum; für den Rostocker ebenfalls – nur nicht seine Stadt. Selbst für den Bewohner einer Kleinstadt beginnt der ländliche Raum erst im kleinstädtischen Umland. Begriff und Verständnis des ländlichen Raums sind also relativ zum Standpunkt des Betrachters. Dies hilft aber nicht wirklich weiter, um den ländlichen Raum zu fassen und zu verstehen. Dafür sind eine differenzierte Sicht und ein Blick in die Vergangenheit notwendig.

Bis ins 19. Jahrhundert hinein war Deutschland eine überwiegend agrarische Gesellschaft mit landwirtschaftlichen Siedlungen und kleinen und mittleren Handels- und Ackerbürgerstädten. Die Siedlungsform des ländlichen Raumes war das Dorf, die Wirtschaftsform die Landwirtschaft. Die Städte waren überschaubar und durch den Handel mit dem ländlichen Raum verbunden. Große Städte gab es nur wenige, Stadtregionen im heutigen Sinne gar nicht. Der Stadt-Land-Gegensatz war ein Gegensatz von Dorf und mittelalterlicher Stadt. Um 1800 lebten noch ca. 80 % der Deutschen von der Land- und Forstwirtschaft. Zwei Drittel aller Menschen lebten auf dem Land. Nach 1870 begannen die Städte rasant zu wachsen. 1910 betrug der Anteil der Stadtbevölkerung an der Gesamtbevölkerung schon 60 % und der Anteil der Bevölkerung in Großstädten 21 %, gegenüber 4,8 % im Jahr 1871. Jetzt konnte man nicht mehr von dem ländlichen Raum sprechen. Er hatte sich ausdifferenziert, abhängig von der Lage zu den Zentren der industriellen Entwicklung.

Dennoch dominierte die landwirtschaftliche Produktion weiterhin den größten Teil des ländlichen Raums. Der große Wandel setzte in Westdeutschland in den 1950er-Jahren ein, in Ostdeutschland erst richtig nach der Wende.

In Westdeutschland war zunächst die Bevölkerungszahl im ländlichen Raum durch die Flüchtlinge deutlich angestiegen. Bald wanderten viele weiter in die Städte, in denen die Lebensbedingungen schnell besser wurden, anders als in vielen Dörfern und Kleinstädten. Noch blieben Schule, Post, Laden und landwirtschaftliche Betriebe im Dorf. Eine neue Welle der Technisierung ließ indessen den Arbeitskräftebedarf deutlich sinken. Die Betriebe wandelten sich von Betriebsgemeinschaften zu bäuerlichen Familienbetrieben und wurden größer. Die Gebietsreformen in den 1960er- und 1970er-Jahren beschleunigten den Wandel. Dörfer verloren ihre Eigenständigkeit. Noch einschneidender waren die Schulreformen. Von den gut 24.000 Gemeinden waren am Ende lediglich 8.600 übriggeblieben. Viele ländliche Orte hatten damit zwei wichtige, identitätsstiftende Institutionen verloren: die Schule und den Bürgermeister. Die Verluste örtlicher Infrastrukturen setzten sich bis in die 1990er-Jahre fort.

Prof. Dr. Peter Dehne
lehrt Planungsrecht/Baurecht an der Hochschule Neubrandenburg. E-Mail: dehne@hs-nb.de

Damit einher ging der Verlust der prägenden landwirtschaftlichen Struktur. Die Bildungsexpansion ließ die klassischen ländlichen Berufe zunehmend unattraktiver werden. Die Berufsstruktur auf dem Land wurde vielfältiger. Noch 1950 waren 25 % der Beschäftigten auf dem Land in der Landwirtschaft beschäftigt; heute sind es nur noch gut 2 %. Die technische Infrastruktur wurde ausgebaut. Verkehrsanbindungen wurden besser. Der ländliche Raum gewann wieder Neubürger/innen. Neubaugebiete entstanden. Land, Dörfer und Kleinstädte wurden urbanisiert. Städtische Lebenswelten prägten mehr und mehr den ländlichen Raum und ließen ihn wieder attraktiv erscheinen.

Schon Ende der 1980er-Jahre hatte sich der Stadt-Land-Gegensatz weitgehend aufgelöst und in ein Stadt-Land-Kontinuum mit angeglichenen Lebensverhältnissen verwandelt. Sozialstrukturen, Wertevorstellungen und materieller Wohlstand waren ähnlich denen in der Stadt. Deutschland war auf dem Weg von einer Industriegesellschaft zu einer Dienstleistungsgesellschaft.

In der DDR waren die Verhältnisse zu dieser Zeit noch andere. Die Bodenreform und die schrittweise Kollektivierung der Landwirtschaft seit 1952 hatten „vollgenossenschaftliche Dörfer" entstehen lassen, in denen der bäuerliche Besitz in Genossenschaftseigentum überführt worden war. Diese Landwirtschaftlichen Produktionsgenossenschaften (LPG) prägten bis zur Wende Arbeiten, Leben und Versorgung in den Dörfern. Erst die Vereinigung führte zum Strukturbruch auf dem Land. Die Betriebe wurden privatisiert. Der Arbeitskräftebesatz in der Landwirtschaft glich sich schnell dem westdeutschen Niveau an. Weite Teile des ländlichen Raumes wurden deindustrialisiert, Schulen, Versorgungseinrichtungen und Gaststätten geschlossen. Viele junge Menschen verließen den ländlichen Raum. In den kleinen Umlandgemeinden der größeren ostdeutschen Städte entstanden Neubaugebiete. Es war ein kurzer, schneller Nachholprozess, der bereits Ende der 1990er-Jahre weitgehend abgeschlossen war.

Am Ende hatte sich der Strukturwandel des ländlichen Raums in Ostdeutschland weitaus schneller und radikaler vollzogen als in Westdeutschland. Die wachsende Wertschätzung des urbanen Lebens und die Re-Urbanisierung seit Anfang der 2000er-Jahre taten ihr Übriges. Die Gegensätze zwischen Stadt und Land verschärften sich wieder, auch in Westdeutschland. Die Gleichwertigkeit der Lebensverhältnisse in Stadt und Land wurde als Ziel infrage gestellt.

Was ist der ländliche Raum heute?

Wenn nur noch wenige in der Landwirtschaft arbeiten und sich die Lebenswelten zwischen Stadt und Land angeglichen haben, stellt sich einerseits die Frage nach der Existenz des ländlichen Raums. Löst sich „das Land" nicht vielmehr in einer postmodernen, zunehmend metropolitisierten Wissensgesellschaft auf und verschwindet allmählich als eigenständige Lebens- und Wirtschaftsform? Häufig wird darauf hingewiesen, dass die Unterschiede gar nicht mehr zwischen Stadt und Land, sondern zwischen wachsenden und schrumpfenden Regionen liegen. Andererseits belegen die zum Teil emotional geführten Debatten um die Gleichwertigkeit der Lebensverhältnisse sowie die Ausrichtung der Förderkulissen auf ländliche Räume die anhaltende Bedeutung des Begriffs. Vor allem im allgemeinen Sprachgebrauch sind die Kategorien „Land" und „ländlich" weiterhin präsent, geprägt von stereotypen Bewertungen: stigmatisierend als unmodern, rückständig und abgehängt oder verklärend als alternative, ruhige Lebensform und „heile Welt". Diese Bilder wirken bis in die politische und wissenschaftliche Diskussion hinein. Die Ministerien für Heimat sind sichtbarer Ausdruck dafür.

In der Raumordnung und in wissenschaftlichen Raumanalysen sind ländliche Räume häufig all die Gebiete, die nicht städtisch sind bzw. außerhalb von Verdichtungsgebieten liegen. Übliche statistische Kriterien für siedlungsstrukturelle Abgrenzungen von „städtisch" und „ländlich" sind vor allem die Zentralität, Dichte und Erreichbarkeit einer Region. Nach der Organisation für wirtschaftliche Zusammenarbeit und Entwicklung (OECD) ist eine Region überwiegend ländlich, wenn über 50 % der Einwohner/innen in ländlichen, dünn besiedelten Gemeinden mit weniger als 150 Einwohner/innen (Ew) je km² leben.

In der Bundesrepublik hat die Bundesforschungsanstalt für Landesplanung und Raumforschung (BfLR) in den 1970er-Jahren siedlungsstrukturelle Raumtypen auf der Grundlage der laufenden Raumbeobachtung entwickelt. Abgrenzungskriterien sind ebenfalls Zentralität bzw. die Größe und zentralörtliche Funktion der regionalen Kerne, die Bevölkerungsdichte sowie die Lage zu den großen Städten. Ländliche Landkreise haben danach weniger als 150 Ew/km². Ländliche Kreise geringer Dichte haben unter 100 Ew/km². Diese Raumtypen gelten heute immer noch (BBSR 2012).

Eine stärker problemorientierte Raumstruktur wurde im Raumordnungsbericht 2005 eingeführt (BBR 2005). Die Raumstruktur wird in Bezug auf die Lagegunst zu Oberzentren und metropolitanen europäischen Wachstumsregionen beschrieben, mit der Einwohnerdichte überlagert und in Zentralraum, Zwischenraum und Peripherieraum unterteilt. Der Peripherieraum nimmt 58 % der Fläche der Bundesrepublik ein. In ihm lebt jedoch nur knapp ein Viertel der Bevölkerung.

Typen ländlicher Räume

Allein die Unterscheidung in Stadt und Land wird der regionalen Vielfalt und Unterschiedlichkeit des ländlichen Raums nicht gerecht. Für die innere Differenzierung entwickelte die bundesdeutsche Raumordnung daher in den 1990er-Jahren eine Typisierung, die einer pauschalen Gleichsetzung von ländlich und strukturschwach entgegenwirken sollte und auf Funktionen und spezifische strukturelle Probleme ausgerichtet war. Unterscheidungsmerkmale sind, neben der Bewertung der Wirtschaftsdynamik, agrarische, touristische und naturräumlich-ökologische Potenziale sowie die Nähe zu Verdichtungsräumen. Es ergeben sich fünf Typen ländlicher Räume:

(1) Räume in günstigen Lagen zu Verdichtungsgebieten und Zentren sowie zu überregionalen und großräumigen Verkehrsachsen,

(2) attraktive Räume für überregionalen Fremdenverkehr,

(3) Räume mit relativ günstigen Produktionsbedingungen für die Landwirtschaft,

(4) gering verdichtete Räume mit industriellen Wachstumstendenzen sowie

(5) strukturschwache ländliche Räume (MKRO 1995; Schäfer u.a. 1997).

Besonderer Handlungsbedarf wird für die strukturschwachen ländlichen Räume gesehen. Häufig treffen hier geringe Besiedlungsdichte, schlechte Erreichbarkeit größerer

Zentren und das Fehlen leistungsfähiger Zentren zusammen. Größere Problemregionen ohne nennenswerte wirtschaftliche Potenziale liegen nach dieser Klassifizierung im östlichen Mecklenburg-Vorpommern und in Teilen Brandenburgs.

Die Typisierung ländlicher Räume im Raumordnungsbericht 2005 knüpft dagegen an das Leitbild der Multifunktionalität an. Es können folgende Funktionen ländlicher Räume zur Befriedigung gesellschaftlicher und ökologischer Anforderungen unterschieden werden: Wohn-, Wirtschafts- und Arbeitsplatz-, Ökotop- und Naturschutz-, Erholungs- und Tourismus sowie Ressourcenbereitstellungsfunktion.

Im Ergebnis ergibt sich anhand der Überlagerung von ausgewählten Indikatoren das jeweils regionalspezifische Funktionspotenzial und somit eine Ausdifferenzierung ländlicher Räume (BBR 2005). Die ausgeprägten ländlichen Räume mit hohem Funktionspotenzial sind weitgehend deckungsgleich mit den besonders strukturschwachen Regionen, die häufig auch als periphere, ländliche Räume bezeichnet werden.

Gibt es abgehängte Räume?

Wie schon eingangs betont, hat sich in Deutschland die Debatte regionaler Differenzierungen vom Stadt-Land-Gegensatz hin zur demografischen Entwicklung und somit zu Wachstum und Schrumpfung verschoben. Die eigentlichen Problemräume sind danach Regionen, in denen demografische Probleme, wirtschaftliche Strukturschwäche und geringe Bevölkerungsdichte zusammentreffen und zu einer – mittlerweile viel zitierten – Abwärtsspirale kumulierender negativer Entwicklung führen. Sichtbares Zeichen sind Leerstand, Wertverluste der Immobilien und die Ausdünnung der öffentlichen Daseinsvorsorge. Von außen werden diese „Verlierer-Regionen" als „nicht lebenswert" wahrgenommen. Ein schlechtes Image und ein negatives Lebensgefühl in Teilen der Bevölkerung sind die Folge. Die Bereitschaft, in diese imageschwachen Regionen zu ziehen, sinkt weiter ab. So kommt es, dass trotz oder gerade wegen der Strukturschwäche gut ausgebildete Arbeitskräfte fehlen, Stellen nicht besetzt werden können und sich ein Mangel an Personal in wichtigen Bereichen der Daseinsvorsorge abzeichnet. Diese Regionen sind weitgehend ländlich strukturiert. Aber auch großstädtische Regionen wie Teile des Ruhrgebiets oder im Saarland sind von mehrdimensionaler Schrumpfung betroffen.

In den letzten Jahren haben viele raumtypologische Ansätze versucht, ein Bild dieser schwierigen peripheren Regionen anhand ausgewählter Indikatoren zu zeichnen. So hat Maretzke in einer Expertise für den Siebten Altenbericht der Bundesregierung über eine Faktoranalyse fünf Indikatoren identifiziert, die Wechselwirkungen von ökonomischen, sozialen und siedlungsstrukturellen Strukturen widerspiegeln: Strukturstärke, Innovation, Verdichtung, Industriepotenzial und touristische Attraktivität. Sie bilden die empirische Basis für eine Clusteranalyse, die zu sechs Typen von Landkreisen führt (Deutscher Bundestag 2016, 106 ff.)

Zwei dieser Typen von Regionen werden wesentlich durch ihre periphere Lage bestimmt. Zu den „peripher gelegenen und gering verdichteten Regionen mit ausgeprägten Tourismuspotenzialen" gehören in den alten Bundesländern die Kreise Wittmund, Vulkaneifel und Breisgau-Hochschwarzwald. In den neuen Ländern sind es z.B. die Landkreise Rostock, Vorpommern-Rügen und Vorpommern-Greifswald. Es sind dünner besiedelte, peripher gelegene Regionen in attraktiven Landschaftsräumen. Sie liegen nur gering unter den Wirtschaftsdaten des Bundesdurchschnitts. Anders sieht es in den „Regionen mit starken strukturellen Defiziten, teilweise peripher gelegen" aus. Ihnen fehlt eine leistungsfähige industrielle Basis, auf deren Grundlage sich wissensintensive, unternehmensorientierte Dienstleistungen etablieren könnten. Sie haben das niedrigste Niveau der Wertschöpfung, das niedrigste Einkommensniveau und ein weit überdurchschnittlich hohes Arbeitslosigkeitsniveau. Diesem Cluster können 89 Landkreise zugeordnet werden. Typische Repräsentanten sind in den neuen Ländern u.a. die Landkreise Mecklenburgische Seenplatte, Uckermark und Stendal, in den alten Ländern die kreisfreien Städte Lübeck, Bremerhaven und Hamm.

Auch das Institut der deutschen Wirtschaft (IW) hat sich in seiner jüngsten Studie mit der Zukunft der Regionen in Deutschland beschäftigt (Oberst u.a. 2019). Erhoben wurden Indikatoren zu den Bereichen Ökonomie, Demografie und Infrastruktur. Jede fünfte Region ist danach schlecht für die Zukunft aufgestellt. 19 Regionen droht die Abwärtsspirale. Es sind sowohl ländlich geprägte und dünn besiedelte Regionen als auch dicht besiedelte, urbane Industriereviere sowohl in Ost- als auch in Westdeutschland.

Das Thünen-Institut schließlich hat versucht, beide Dimensionen – die Abgrenzung zwischen Stadt und Land und die innere Differenzierung – anhand der Kategorien „Ländlichkeit" und „Sozioökonomische Lage" abzubilden (Küpper 2016). Dahinter steht der Gedanke, dass Ländlichkeit in allen Räumen, auch in Großstadtregionen zu finden und nicht immer mit Problemlagen gleichzusetzen ist. Durch die Kombination beider Dimensionen entstehen vier ländliche Regionstypen: „sehr ländlich" über „weniger ländlich" mit jeweils guter oder nicht so guter sozioökonomischer Lage. In ländlichen Räumen leben 57,2 % der Einwohner/innen Deutschlands auf 91,3 % der Fläche.

> Diese Raumtypisierungen zeigen: Viele periphere, ländlich geprägte Regionen – aber nicht nur diese – liegen nicht nur räumlich, sondern auch wirtschaftlich und gesellschaftlich am Rand.

In diesem Zusammenhang werden häufig auch die Begriffe Marginalisierung und Peripherisierung verwendet. Während die Zuschreibung „Peripherie" vorrangig die geografische Randlage im Verhältnis zu Zentren und Wachstumsregionen meint, bezieht sich das Konzept der „Peripherisierung" auf die sozioökonomische Randlage bzw. drohende

Abkopplung. Wachstum und gesellschaftlich relevantes Leben läuft vermeintlich an anderen Orten ab. Die politische Einflussnahme ist gering bzw. wird als gering empfunden. Entscheidungen werden – im Bewusstsein der dort lebenden Bürger/innen – woanders getroffen. Die mit dem Gleichwertigkeitspostulat verbundene Chancengleichheit zur Teilhabe an der gesamtwirtschaftlichen und gesellschaftlichen Entwicklung kann somit nicht mehr für alle Menschen in der Region gewährleistet werden.

Die periphere Lage ist statisch, vorgegeben und unveränderbar. Die Situation der Peripherisierung ist Ausdruck eines dynamischen Prozesses und veränderbar (De-Peripherisierung). Sichtbarer und messbarer Ausdruck der Peripherisierung ist der „Brain Drain", die Abwanderung bzw. die zu geringe Rückwanderung der jüngeren, gut ausgebildeten Bevölkerung.

Ganz klar scheinen die Zusammenhänge von Peripherisierung, drohender Abkopplung und der Zufriedenheit der Bewohner/innen aber nicht zu sein. So deuten Befragungen eher darauf hin, dass Bewohner/innen in ländlichen Abwanderungsgebieten sehr zufrieden mit ihrer Lebenssituation sind und Abwanderungswillige oft keine besondere Unzufriedenheit mit dem Leben auf dem Land erkennen lassen (Beetz 2016). Auch ist es nicht immer eindeutig, dass sich die regionale Daseinsvorsorge tatsächlich verschlechtert hat (Küpper/Steinführer 2015). Rein materielle Komponenten der Lebensqualität scheinen für die Lebenszufriedenheit im ländlichen Raum eine untergeordnete Rolle zu spielen. Eher geht es um soziale und naturräumliche Dimensionen, Wohneigentum sowie eine starke emotionale Bindung an ihren Wohnort (Oedl-Wieser u.a. 2018; Siedentop u.a. 2014). Offen bleibt letztlich, ob Problemzuweisungen wie „Entleerungsräume" und „abgehängte Regionen" tatsächlich der Realität und dem Lebensgefühl der dort Lebenden entsprechen und inwieweit raumbildende Diskurse kritische Entwicklungen forcieren (Beetz 2016; siehe auch Depppisch 2019).

> Am Ende kommt es sicherlich auf die jeweiligen Lebenslagen an, wie Menschen mit den besonderen Rahmenbedingungen peripherer, ländlicher Räume zurechtkommen und wie sehr sie sich als „abgehängt" fühlen.

Welche Bedeutung hat der demografische Wandel für ländliche Räume?

Die Abgrenzungen zwischen Stadt und Land hat viel mit Bevölkerungsverteilung, Bevölkerungsstrukturen und dem sozialen und ökonomischen Handeln der Bevölkerung zu tun. Daher ist es nicht verwunderlich, dass häufig der demografische Wandel für die regionalen Unterschiede in Deutschland verantwortlich gemacht wird. Überhaupt bestimmt der Begriff „demografischer Wandel" die gesellschaftliche Debatte um Veränderung und Wandel. Auch wenn er sich weitgehend durchgesetzt hat, trifft er die aktuelle Entwicklung nicht genau. Der wissenschaftlich korrekte Begriff ist „demografische Alterung". Diese lässt das Durchschnittsalter der Bevölkerung ansteigen. Ausschlaggebend dafür sind zwei Komponenten: der Rückgang jüngerer Jahrgänge, die Alterung von unten, sowie eine steigende Lebenserwartung, die Alterung von oben. Der Rückgang der jungen Jahrgänge ist mit ca. zwei Dritteln am Alterungsprozess beteiligt. Bis 2050 wird in den modernen Gesellschaften immerhin ein Drittel der Bevölkerung 60 Jahre und älter sein. Damit geht ein Rückgang der Bevölkerungszahlen einher, sofern dieser nicht durch Zuwanderungen ausgeglichen wird. Die Bevölkerungswissenschaft bezeichnet den Übergang von hohen zu niedrigen Sterbe- und Geburtenraten als Demografic Transition bzw. demografischen Übergang. Nach einem ersten Schub von Geburtenrückgang und höherer Lebenserwartung ab 1875 befinden wir uns zurzeit im zweiten demografischen Übergang, verursacht durch den Bevölkerungsrückgang nach den geburtenstarken Jahrgängen zwischen 1965 und 1975.

Eine entscheidende Folge des demografischen Wandels sind Verteilungskonflikte und die sich daraus ergebende soziale und auch räumliche Ausdifferenzierung in wachsende und schrumpfende Räume. Während Bevölkerungswachstum stimulierend ist, leisten Bevölkerungsverluste und Alterung in Verbindung mit der Verschärfung sozialer Ungleichheit der Verfestigung sozialer Ungleichheit Vorschub und lassen sich schwer steuern.

Heute ist die demografische Landkarte weitaus bunter und unübersichtlicher als noch in den 1990er-Jahren, als die starken Abwanderungen und die extrem niedrigen Geburtenraten in Ostdeutschland prägend waren. Zwanzig Jahre später erkennt man auf den Karten zum demografischen Wandel auch westdeutsche ländliche Regionen mit prognostizierten Bevölkerungsverlusten und Alterung sowie eine Vielfalt der Entwicklung mit einem kleinräumigen Nebeneinander von Wachstum und Schrumpfung. Kleine Regionen mit Bevölkerungsverlusten liegen direkt neben Gemeindeverbänden und Klein- und Mittelstädten, die günstige Prognosedaten aufweisen.

Die Lage wird noch unübersichtlicher, wenn man lediglich die letzten fünf Jahre betrachtet. Mittlerweile gewinnen vor allem die ostdeutschen Großstädte wieder deutlich an Bevölkerung. Ländliche Regionen in Süddeutschland mit mehr oder weniger Vollbeschäftigung verlieren junge Menschen und altern. Und viele ländliche Kleinstädte und ländliche Gemeinden in Ostdeutschland haben seit einigen Jahren wieder eine positive Wanderungsbilanz, getragen von Rückwanderungen und Zuwanderungen aus den Großstädten der Jahrgänge 50+.

So scheint die demografische Situation im Jahr 2019 auch in peripheren, ländlichen Regionen besser zu sein, als noch vor einigen Jahren prognostiziert. Die Einwohnerzahlen sind stabil oder leicht wachsend. Die Kindergärten sind wieder voll belegt. Man spricht wieder von Zuzug und der Neuausweisung von Baugebieten. Hierfür scheinen vier Gründe ausschlaggebend: der Anstieg der zusammengefassten Geburtenziffer, das demografische Echo in Gestalt der Enkelkinder der Babyboomer, die Kostensteigerung in den Städten sowie die gute konjunkturelle Lage.

Das darf nicht darüber hinwegtäuschen, dass die geschilderten Grundannahmen für die demografische Alterung in Deutschland allgemein und für den ländlichen Raum im Speziellen bestehen bleiben. Insgesamt steigt das Durchschnittsalter der Bevölkerung bis 2035 von 44 Jahren auf über 47 Jahre. Im Umland der Städte bleiben die hochaltrigen Eltern in ihren Einfamilienhäusern der 1970er-, 80er- und 90er-Jahre allein zurück. In den ländlichen und peripheren, ländlichen Regionen verschiebt sich die Altersstruktur aufgrund des Wegzugs bzw. der fehlenden Zuwanderung der jüngeren Generationen. In vielen ostdeutschen ländlichen Regionen wird 2035 ein Durchschnittsalter von über 50 Jahren erwartet. Die größten Herausforderungen sind jedoch mit der Zunahme der Menschen über 80 Jahren verbunden. Ihre Zahl verdoppelt sich in fast allen Regionen. Im Jahr 2035 werden über sieben Millionen Menschen in diesem hohen Alter sein.

> Alterung und der deutliche Rückgang von Menschen im erwerbsfähigen Alter sind somit die zentralen demografischen und strukturellen Probleme des peripheren, ländlichen Raums. Die Gewinnung von Arbeitskräften wird wichtiger und damit attraktive, lebendige Lebensbedingungen mit guten Angeboten der Daseinsvorsorge (z.B. Schulen, Krankenhäuser, Ärzt/innen, Pflege).

Ursachen und Treiber der Veränderung im ländlichen Raum

Schon die historische Entwicklung des ländlichen Raums war von demografischen Brüchen, an- und absteigenden Geburtenzahlen und Wanderungen geprägt. Aber war die Demografie nicht immer nur sichtbarer Ausdruck anderer gesellschaftlicher Veränderungen und Trends? Ist der demografische Wandel nicht vielmehr Ursache und Wirkung zugleich: Ursache, indem die demografische Transition gleichsam den Hintergrund für gesellschaftlichen Wandel bildet, und Wirkung, indem dieser Wandel zur Veränderung der soziodemokrafischen Struktur von Regionen führt? Er wirkt auf Standortentscheidungen von Betrieben und Lebenspräferenzen der Menschen und führt letztlich zu differenzierten demografischen Entwicklungen im Raum. Augenfällig gehen diese zulasten des peripheren, ländlichen Raums: Die Ausdünnung der Angebote der Daseinsvorsorge (fehlende Ärzt/innen, Zentralisierung der Versorgung, Schließung kleiner Läden, Konzentration des öffentlichen Personennahverkehrs [ÖPNV] auf die starken Verbindungen), die Alterung und sinkende individuelle Mobilität sowie steigende Energiekosten treiben die Menschen in die Städte (Push-Faktoren, vgl. Abb. 1).

Wissensgesellschaft, Globalisierung, Entgrenzung, Individualisierung, die wachsende Bedeutung der Vereinbarung von Familie und Beruf führen zu einer steigenden Wertschätzung des Urbanen und ziehen die Menschen in die Stadt (Pull-Faktoren). Die Mechanismen sind bekannt aus dem Transformationsprozess im ausgehenden 19. Jahrhundert. Nur sind diesmal die Treiber und Zugkräfte etwas andere. Viele Menschen sind mobiler, freier von tradierten Institutionen und stärker ausgerichtet auf ein gutes Leben. Vieles lässt sich anscheinend im städtischen Zusammenhang für sich und seine Familie besser verwirklichen als auf dem Land. Vor allem Erreichbarkeit, Mobilität und die digitale Infrastruktur im ländlichen Raum entsprechen nicht den Erwartungen und Erfahrungen einer städtisch geprägten Gesellschaft. Die im Zuge der Klimakrise notwendige Energie- und Verkehrswende könnte diese Gegensätze zwischen Stadt und Land weiter verschärfen.

Andererseits gilt: Wenn jeder überall leben kann, dann nimmt die Bedeutung der Rahmenbedingungen zum Leben vor Ort zu – Bildung, Gesundheitsversorgung, Kultur, Natur, Geschichte, soziale Netze, Arbeitsmöglichkeiten. Und jeder Ort hat theoretisch seine Chance, auch ein ländlicher, peripherer Ort! Er muss sich auf seine eigenen Stärken und Qualitäten konzentrieren, im Sinne einer selbstbestimmten, eigenständigen Orts- und Regionalentwicklung.

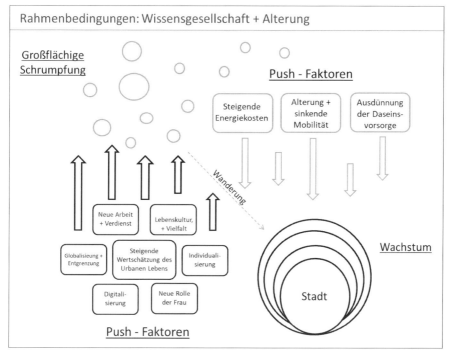

Abb. 1: Push- und Pullfaktoren zwischen peripheren ländlichen Regionen und größeren Städten (eigene Darstellung)

Was ist also zu tun für ländliche Regionen?

Für die Raum-, Struktur- und Infrastrukturpolitik stellt sich die Frage, ob die Schrumpfungsprozesse in den peripheren Räumen mit einem angemessenen Aufwand an Mitteln gestoppt und eine Stabilisierung erreicht werden kann. Die begrenzten Wirkungen strukturpolitischer Maßnahmen in der Vergangenheit haben zu einer gewissen Hilflosigkeit geführt, bis hin zu der Forderung, diese Regionen auf ein infrastrukturelles Mindestmaß zu reduzieren und sie zu Wildnisregionen werden zu lassen. Andererseits ist die Debatte um Entleerungsgebiete nicht neu. Leitbilder und Entwicklungsstrategien für strukturschwache ländliche Räume bis hin zu Überlegungen einer passiven Sanierung gibt es schon seit den 1970er-Jahren. Hinzu kommt, dass seit einigen Jahren die gute konjunkturelle Gesamtlage und die zunehmende Verteuerung des großstädtischen Lebens positiv in die Problemräume hineinwirken. Die wirtschaftlichen Rahmendaten haben sich erkennbar verbessert. Die hohen Abwanderungsraten junger Menschen bzw. eine begrenzte Zuwanderung von Menschen und Familien in der Erwerbsphase sind allerdings unverändert.

Großräumig betrachtet bringt Siedentop u.a. (2014, 202) das Dilemma ländlicher Räume auf den Punkt. Gründe für die Abwanderung sind weniger die infrastrukturelle Ausstattung oder die zu schwache Erwerbsbasis – in strukturschwachen, dünn besiedelten Regionen kann das anders sein –, sondern vielmehr wesensimmanente Eigenschaften ländlicher Räume: die unterdurchschnittliche Ausstattung mit akademischen Bildungsstätten und der Mangel bzw. die mangelnde Vielfalt an Arbeitsplätzen für Hochqualifizierte. Dies lässt sich durch Strukturpolitik nicht oder nur bedingt überwinden. Nichts zu tun wäre aber fahrlässig und politisch nicht vertretbar. Wie gezeigt, sind Schrumpfung und Ungleichheiten nicht zwangsläufig und eigengesetzlich. Es geht vielmehr um die Gestaltung und Steuerung gesellschaftlicher Prozesse und den gesellschaftlichen Willen dazu.

Drei Zielrichtungen für politisches Handeln lassen sich erkennen:

(1) die Sicherung guter Rahmenbedingungen und der Lebensqualität für die Bleibenden, insbesondere für ein gutes, selbstbestimmtes Leben im Alter (differenzierte Wohnangebote, Pflege, Gesundheit, Mobilität);

(2) attraktive Lebensbedingungen für Zuzug, insbesondere für Familien mit Kindern (Bildung, Kinderbetreuung, Vereinbarung von Familie und Beruf) sowie

(3) die Anbindung an Hochschulangebote und Hochschulwissen in Verbindung mit einer Diversifizierung der Wissens- und Dienstleistungsökonomie.

Damit rücken die Erreichbarkeit und Qualität von Angeboten der Daseinsvorsorge und der weite Bereich der Lebensqualität ins Blickfeld. Sie werden zu den neuen „harten Standortfaktoren" für die wirtschaftliche Entwicklung ländlicher Regionen.

Konsequenzen für die Daseinsvorsorge in ländlichen Räumen

Bei der Frage, wie Daseinsvorsorge verstanden und gestaltet werden sollte, spielen Bildungsangebote, Gesundheitsversorgung, Pflege und Betreuung sowie Mobilität eine zentrale Rolle für die Lebensqualität der Einzelnen und die Attraktivität einer Region. Sicherlich bilden gute, zentrale Angebote in staatlicher und kommunaler Verantwortung wie Schulen, Krankenhäuser oder der ÖPNV das Grundgerüst der Versorgung. Daseinsvorsorge sollte aber weiter verstanden werden, nicht als Zweck an sich, sondern als Mittel zum Zweck.

Es sollte Staat und Kommunen letztlich darum gehen, jedes Mitglied und jede soziale Gruppe der Gesellschaft zum guten Leben und Handeln zu befähigen und ihnen gleiche Chancen zu bieten, am Leben der Gemeinschaft teilzunehmen. Die Befähigung ist aber nicht nur Aufgabe des Staates. Jeder trägt soziale Verantwortung und kann dazu beitragen, andere zu befähigen (vgl. zum Befähigungsansatz oder Capability Approach Röbke 2012; Nussbaum/Sen 1993). Daseinsvorsorge wird so zweckorientiert und gemeinsam von Zivilgesellschaft, Wirtschaft, Staat und Kommunen in Koproduktion erbracht.

Dieses erweiterte Verständnis von Daseinsvorsorge wurde im Rahmen der Sachverständigenkommissionen für den Siebten Altenbericht (Deutscher Bundestag 2016) und den Zweiten Engagementbericht entwickelt (BMFSFJ 2016). Daseinsvorsorge, eingeordnet in das Modell des Befähigungsansatzes, wäre dann (1) ein Bündel an Gütern, Dienstleistungen und Institutionen von öffentlichem Interesse, das (2) die Mitglieder einer Gesellschaft in die Lage versetzen soll, ein gutes Leben eigenständig und selbstbestimmt zu führen, (3) an der sozialen Gemeinschaft teilzuhaben und die Möglichkeit zur sozialen und politischen Partizipation zu haben. Dabei müssen (4) soziale Differenzen berücksichtigt werden.

Viele Leistungen und Dienste der Daseinseinsvorsorge entfalten ihre Wirkung erst in der direkten Lebenswelt der Bürger/innen. Vieles läuft daher auf die Städte, Gemeinden und Landkreise als „Verantwortliche" hinaus. Vor Ort kann am besten entschieden werden, welche Verpflichtungen im Interesse der Bürger/innen liegen und wie diese ausgestaltet werden müssen. Ebenso können die gewünschte Wirkungsorientierung und die Berücksichtigung von Vielfalt und Differenzen am ehesten in den Quartieren und Dörfern erreicht werden. Daseinsvorsorge wird so zu großen Teilen gute Dorf- und Quartiersentwicklung und zunehmend zu einer Koordinierungs- und Managementaufgabe der Kommune. Sie kann und muss beispielsweise die Verantwortung dafür übernehmen, dass die öffentlich organisierte und die von privatem Engagement getragene Mobilität zusammen funktionieren oder arbeitsteilige Pflege- und Sorgearrangements in den Quartieren und Dörfern entstehen.

Die Kommune ist aufgrund ihrer Stellung im Staatsaufbau und ihrer Selbstverwaltungskompetenz die Institution, die vernetzen, verknüpfen, unterstützen und gegebenenfalls auch mobilisieren kann und muss. Dafür müssen sie finanziell und personell in die Lage versetzt werden. Fraglich bleibt schließlich, ob Kommunen auch überall das notwendige Verständnis für diese Verantwortung und für eine Daseinsvorsorge, die befähigt, aufbringen.

Literatur

BBR – Bundesamt für Bauwesen und Raumordnung (Hrsg.) (2005): Raumordnungsbericht 2005. Berichte Band 20, Bonn.

BBSR – Bundesinstitut für Bau-, Stadt- und Raumforschung im Bundesamt für Bauwesen und Raumordnung (Hrsg.) (2012): Raumabgrenzungen und Raumtypen des BBSR. Analysen Bau.Stadt.Raum Band 6, Bonn.

Beetz, Stephan (2016): Der Landfluchtdiskurs. Zum Umgang mit räumlichen Uneindeutigkeiten, in: Informationen zur Raumentwicklung, Nr. 2/2016, S. 109–120.

BMFSFJ – Bundesministerium für Familie, Senioren, Frauen und Jugend (2016): Zweiter Bericht über die Entwicklung des bürgerschaftlichen Engagements in der Bundesrepublik Deutschland. Schwerpunktthema: Demografischer Wandel und bürgerschaftliches Engagement. Der Beitrag des Engagements zur lokalen Entwicklung, Berlin.

Deppisch, Larissa (2019): „Wo sich Menschen auf dem Land abgehängt fühlen, hat der Populismus freie Bahn" – eine Analyse des populär-medialen Diskurses zu der Bedeutung von Infrastrukturverfall, Abstiegsangst und rechten (extremistischen) Werten für den Zuspruch zum Rechtspopulismus, Thünen-Working Paper 119, Braunschweig.

Deutscher Bundestag (2016): Siebter Bericht zur Lage der älteren Generation in der Bundesrepublik Deutschland. Sorge und Mitverantwortung in der Kommune – Aufbau und Sicherung zukunftsfähiger Gemeinschaften und Stellungnahme der Bundesregierung, BT-Drucksache 18/10210, Berlin.

Küpper, Patrick (2016): Abgrenzung und Typisierung ländlicher Räume. Thünen Working Paper 68, Braunschweig.

Küpper, Patrick/Steinführer, Annett (2015): Daseinsvorsorge in ländlichen Räumen zwischen Ausdünnung und Erweiterung. Ein Beitrag zur Peripherisierungsdebatte, in: EuropaRegional, Nr. 23, 2015 (2017), 4, S. 44–60.

MKRO – Ministerkonferenz für Raumordnung (2015): Raumordnungspolitischer Handlungsrahmen. Beschluss der Ministerkonferenz für Raumordnung in Düsseldorf am 8. März 1995, Bonn.

Nussbaum, Martha C./Sen, Amartya K. (1993): The Quality of Life, Oxford.

Oberst, Christian A./Kempermann, Hanno/Schröder, Christoph (2019): Räumliche Entwicklung in Deutschland, in: Hüther, Michael/Südekum, Jens/Voigtländer, Michael: Die Zukunft der Regionen in Deutschland. Zwischen Vielfalt und Gleichwertigkeit, Köln, S. 87–114.

Oedl-Wieser, Theresia/Fischer, Michael/Dax, Thomas (2018): Bevölkerungsrückgang in ländlichen Regionen Österreichs: Lebensphasen- und geschlechterspezifische Wanderungsbewegungen vor dem Hintergrund von Motiven und Lebensqualität, in: Austrian Journal of Agricultural Economics and Rural Studies, 27. Jg., Nr. 19, S. 151–159.

Röbke, Thomas (2012): Bürgerschaftliches Engagement und sozialstaatliche Daseinsvorsorge. Bemerkungen zu einer verwickelten Beziehung, in: Friedrich-Ebert-Stiftung (Hrsg.): betrifft: Bürgergesellschaft, Nr. 38, http://library.fes.de/pdf-files/do/08956.pdf (12. Februar 2019).

Schäfer, Rudolf/Dehne, Peter/Schmidt, Elfriede (1997): Strategien für strukturschwache ländliche Räume: Raumordnerische Handlungsempfehlungen zur Stabilisierung und Entwicklung strukturschwacher Räume, im Auftrag des Bundesministers für Raumordnung, Bauwesen und Städtebau. Bonn.

Siedentop, Stefan/Junesch, Richard/Klein, Maria (2014): Wanderungsmotive im ländlichen Raum, Forschungsvorhaben im Auftrag des Ministeriums für Ländlichen Raum und Verbraucherschutz Baden-Württemberg, Stuttgart.

Farid El Kholy

Gleichwertige Lebensverhältnisse schaffen für mehr Chancen auf Teilhabe – Strategien der Bundesregierung

Barrierefreiheit ist ein wichtiger Schritt zu einer inklusiven Gesellschaft. Ihre Verwirklichung ist eine gesellschaftliche Querschnittsaufgabe und ein zentrales Element gleichwertiger Lebensverhältnisse. Viele Kommunen haben hier schon Verbesserungen erzielt oder auf den Weg gebracht, aber es gibt weiterhin viel zu tun. Die Verwirklichung von Barrierefreiheit in Deutschland zu unterstützen, ist ein prioritäres Ergebnis der von der Bundesregierung eingesetzten Kommission „Gleichwertige Lebensverhältnisse". Um ein Bewusstsein für die Bedeutung von Barrierefreiheit in der Gesellschaft zu verankern, ist eine begleitende Kampagne notwendig.

Deutschland ist im internationalen Vergleich ein wohlhabender und verlässlicher Sozialstaat mit einer starken Wirtschaft sowie einem stabilen Arbeitsmarkt und dabei geprägt von einer großen Vielfalt. Dennoch zeichnen sich zunehmende Disparitäten ab, die das soziale Gefüge aus dem Gleichgewicht bringen können. Ungleiche Lebensverhältnisse in Deutschland lassen sich nicht nur an der Kompassnadel ablesen und in den Kategorien der Himmelsrichtungen fassen, sondern sie sind vor allem davon bestimmt, ob man in der Stadt oder auf dem Land lebt. Das prägende Merkmal „abgehängter" Räume ist ihre Strukturschwäche, die sich in vielen einzelnen demografischen, ökonomischen und sozialen Aspekten (Stichwort „soziale Daseinsvorsorge") widerspiegelt.

Aus diesen gesellschaftlichen Entwicklungen leiten Politik und Gesellschaft den Auftrag ab, Maßnahmen und Instrumente zu entwickeln und zu implementieren, damit sich Ungleichgewichte nicht verfestigen oder gar zunehmen – egal, wo in Deutschland. Darüber hinaus verpflichtet das Grundgesetz die staatlichen Akteure zur Herstellung gleichwertiger Lebensverhältnisse. Daher müssen überall gleichwertige Rahmenbedingungen geschaffen werden, um das Leben für alle Bürgerinnen und Bürger lebenswert zu machen. Daraus lässt sich allerdings nicht der Auftrag ableiten, dass überall die gleichen Lebensverhältnisse geschaffen werden müssen. Vielmehr soll für alle dort, wo sie leben möchten, unter Berücksichtigung der unterschiedlichen Rahmenbedingungen ein lebenswertes Umfeld geschaffen werden. Dabei müssen die jeweiligen Identitäten der Region, des Dorfes oder der Stadt erhalten bleiben, um letztlich auch Akzeptanz für die Maßnahmen zu schaffen und die Menschen mitzunehmen.

Um Deutschland nachhaltig zukunftsfest zu gestalten, hat die Bundesregierung daher, wie im Koalitionsvertrag zur 19. Legislaturperiode vereinbart, am 18. Juli 2018 die Kommission „Gleichwertige Lebensverhältnisse" eingesetzt, um gemeinsam mit den Ländern und den kommunalen Spitzenverbänden zukunftsorientierte Lösungsvorschläge zu erarbeiten, die die demografische Entwicklung fest im Blick haben:

Farid El Kholy
ist stellvertretender Leiter des Referats „Umsetzung der UN-Behindertenrechtskonvention, Focal Point, Nationaler Aktionsplan" im Bundesministerium für Arbeit und Soziales, Berlin. Im Rahmen der Kommission „Gleichwertige Lebensverhältnisse" leitete er die „Geschäftsstelle" der Facharbeitsgruppe 5.

„Die Bundesregierung wird zusammen mit den Ländern und den kommunalen Spitzenverbänden eine Kommission ‚Gleichwertige Lebensverhältnisse' einsetzen, die bis Mitte 2019 konkrete Vorschläge erarbeitet. Hierbei geht es um alle Aspekte der Daseinsvorsorge genauso wie gezielte Strukturverstärkungen in Ländern und Kommunen. Maßnahmen im Sinne der Hilfe zur Selbsthilfe für Kommunen zum Beispiel mit Altschulden und hohen Kassenkrediten ebenso wie die Altschuldenproblematik kommunaler Wohnungsbauunternehmen werden in die Prüfung einbezogen" (Koalitionsvertrag zwischen CDU, CSU und SPD zur 19. Legislaturperiode).

Strukturschwache Regionen sollen wieder attraktiver werden für junge Menschen und ihre Familien sowie für diejenigen, die bereits dort leben und bleiben möchten. Auch in Zukunft müssen Bürgerinnen und Bürger die Möglichkeit haben, die Region, in der sie leben möchten, frei zu wählen. Voraussetzung dafür sind gleichwertige Lebensverhältnisse. Es geht dabei vor allem um gute Entwicklungschancen und faire sowie barrierefreie Teilhabemöglichkeiten überall in Deutschland, unabhängig vom Wohnort. Dafür sind neue innovative Ideen, Konzepte und Maßnahmen notwendig.

Die Kommission „Gleichwertige Lebensverhältnisse": Auftrag und Arbeitsweise

Die Kommission „Gleichwertige Lebensverhältnisse" hatte gemäß dem Einsetzungsbeschluss des Bundeskabinetts den Auftrag, dass Bund, Länder und die kommunalen Sozialverbände gemeinsam prüfen, ob die Ressourcen und Möglichkeiten in Deutschland gerecht verteilt sind. Wo Defizite bestehen, sollten Maßnahmen erarbeitet und vorgeschlagen werden, um zeitnah einen sichtbaren und effektiven Abbau von Teilhabedefiziten zu erzielen. Es sollten daher insbesondere „konkrete Vorschläge zu allen wesentlichen Aspekten der Daseinsvorsorge, zu gezielten Strukturverstärkungen in den

Ländern und Kommunen sowie zu Maßnahmen im Sinne der Hilfe zur Selbsthilfe für Kommunen" (Einsetzungsbeschluss des Bundeskabinetts) entwickelt werden.

Das übergeordnete Ziel der Kommission war es, konkrete Handlungsempfehlungen unter Berücksichtigung der unterschiedlichen regionalen Entwicklungen und des demografischen Wandels in Deutschland vorzulegen, die später auch vor Ort verwirklicht werden können und den Menschen in ihrem täglichen Leben eine Verbesserung bringen. Dadurch soll ein konkreter Beitrag zur nachhaltigen Herstellung gleichwertiger Lebensverhältnisse in allen Regionen Deutschlands geleistet werden.

Es geht dabei darum, Chancengleichheit in ganz Deutschland herzustellen, um eine gleichwertige, gerechte und barrierefreie Teilhabe an der Gesellschaft für die Menschen vor Ort zu sichern – unabhängig von ihrem Wohnort. Hierzu gehören unter anderen ein passender Arbeitsplatz, eine sichere Versorgung mit Breitband- und Mobilfunkanbindung, ein angemessener öffentlicher Personennahverkehr, bezahlbarer Wohnraum sowie sonstige barrierefreie Angebote der Nahversorgung wie zum Beispiel Gesundheitsdienste, Schulen und Kindertagesstätten.

Die Kommission „Gleichwertige Lebensverhältnisse", deren Vorsitz der Bundesminister des Innern, für Bau und Heimat und Co-Vorsitz die Bundesministerinnen für Ernährung und Landwirtschaft sowie für Familie, Senioren, Frauen und Jugend innehatten, setzte analog der Themen aus dem Einsetzungsbeschluss Facharbeitsgruppen ein, die jeweils von den thematisch hauptsächlich betroffenen Bundesressorts geleitet wurden:

FAG 1: „Kommunale Altschulden" (Vorsitz: Bundesministerium der Finanzen, Co-Vorsitz: Saarland, Rheinland-Pfalz und Deutscher Städtetag),

FAG 2: „Wirtschaft und Innovation" (Vorsitz: Bundesministerium für Wirtschaft und Energie, Co-Vorsitz: Bayern und Mecklenburg-Vorpommern),

FAG 3: „Raumordnung und Statistik" (Vorsitz: Bundesministerium des Innern, für Bau und Heimat, Co-Vorsitz: Bundesministerium für Ernährung und Landwirtschaft und Brandenburg),

FAG 4: „Technische Infrastruktur" (Vorsitz: Bundesministerium für Verkehr und digitale Infrastruktur, Co-Vorsitz: Nordrhein-Westfalen und Deutscher Landkreistag),

FAG 5: „Soziale Daseinsvorsorge und Arbeit" (Vorsitz: Bundesministerium für Arbeit und Soziales, Co-Vorsitz: Bundesministerium für Gesundheit und Schleswig-Holstein),

FAG 6: „Teilhabe und Zusammenhalt der Gesellschaft" (Vorsitz: Bundesministerium für Familie, Senioren, Frauen und Jugend, Co-Vorsitz: Hamburg und Deutscher Städte- und Gemeindebund).

In den Facharbeitsgruppen setzten sich Vertreterinnen und Vertreter des Bundes, der Länder und der kommunalen Spitzenverbände intensiv mit den Ursachen der ungleichen Lebensverhältnisse auseinander, um gemeinsame Vorschläge zu erarbeiten, die dieser Entwicklung entgegenwirken. Als Ergebnis haben die Facharbeitsgruppen insbesondere die Etablierung eines gesamtdeutschen Fördersystems für strukturschwache Regionen vorgeschlagen, aber auch Vorschläge zur Verbesserung der Verkehrs- und Digitalinfrastruktur, zum Ausbau von Kindertagesstätten, zur Dezentralisierung der öffentlichen Verwaltung sowie zu einem Bundesprogramm „Barrierefreiheit" vorgelegt.

Die sechs Facharbeitsgruppen haben Anfang Mai 2019 ihre Berichte der Geschäftsstelle der Kommission „Gleichwertige Lebensverhältnisse", die im Bundesministerium des Innern, für Bau und Heimat angesiedelt ist, zugeliefert. Die Berichte dienten als Grundlage für den Gesamtkommissionsbericht, den der Vorsitzende und die beiden Co-Vorsitzenden am 10. Juli 2019 dem Bundeskabinett vorgelegt und anschließend veröffentlicht haben. Aus den von den Facharbeitsgruppen erarbeiteten Vorschlägen haben sie konkrete Aufgaben formuliert, die sich in zwölf prioritären Maßnahmen wiederfinden:

(1) Mit einem neuen gesamtdeutschen Fördersystem strukturschwache Regionen gezielt fördern,
(2) Arbeitsplätze in strukturschwache Regionen bringen,
(3) Breitband und Mobilfunk flächendeckend ausbauen,
(4) Mobilität und Verkehrsinfrastruktur in der Fläche verbessern,
(5) Dörfer und ländliche Räume stärken,
(6) Städtebauförderung und sozialen Wohnungsbau voranbringen,
(7) eine faire Lösung für kommunale Altschulden finden,
(8) Engagement und Ehrenamt stärken,
(9) Qualität und Teilhabe in der Kindertagesbetreuung sichern,
(10) Barrierefreiheit in der Fläche verwirklichen,
(11) Miteinander der Bürgerinnen und Bürger in den Kommunen fördern,
(12) „Gleichwertige Lebensverhältnisse" als Richtschnur setzen.

Um die Umsetzung der zwölf priorisierten Maßnahmen besser steuern und nachhalten zu können, hat das Bundeskabinett einen Staatssekretärsausschuss „Gleichwertige Lebensverhältnisse" beim Bundesminister des Innern, für Bau und Heimat eingerichtet, der im September 2019 seine Arbeit aufgenommen hat.

Die Facharbeitsgruppe 5 „Soziale Teilhabe und Arbeit"

Demografische Entwicklungen wie die Alterung der Bevölkerung, eine wachsende Heterogenität hinsichtlich der Herkunft der in Deutschland lebenden Menschen und das Nebeneinander von wachsenden Regionen und Regionen mit Bevölkerungsverlusten stellen die Gesellschaft und die deutsche Wirtschaft vor große Herausforderungen. Sie wirken sich in unterschiedlicher Ausprägung und Stärke auf alle Regionen aus und sind mitverantwortlich für die Über- beziehungsweise Unterauslastung von Infrastrukturen und Dienstleistungen. Die Gestaltung der Daseinsvorsorge ist vor diesem Hintergrund eine der grundlegenden Voraussetzungen für den Erhalt der Standortattraktivität und Entwicklungsfähigkeit von Regionen. Die Herstellung bzw. Aufrechterhaltung gleichwertiger Lebensverhältnisse innerhalb Deutschlands setzt voraus, dass Einrichtungen und Leistungen der Daseinsvorsorge für die gesamte Bevölkerung in ausreichendem Umfang und ausreichender Qualität, zu sozialverträglichen Preisen und in zumutbarer Entfernung (wohnortnahe Versorgung) in allen Regionen Deutschlands vorhanden und erreichbar sind. Dabei müssen sich die Angebote der Daseinsvorsorge im ökonomischen, sozialen und kulturellen Bereich stetig an die gegenwärtigen Entwicklungen (zum Beispiel Digitalisierung, Migration, Fachkräftebedarf), den demografisch bedingten Wandel der Nachfrage und vor allem an die sich fortwährend wandelnden Bedürfnisse der Bürgerinnen und Bürger anpassen.

Die Aufgabenbeschreibung des Einsetzungsbeschlusses des Bundeskabinetts für die Facharbeitsgruppe 5 „Soziale Daseinsvorsorge und Arbeit" sah deshalb vor,

> „Maßnahmen [zu] entwickeln, die eine flächendeckende Infrastruktur zur Versorgung der Bevölkerung mit Leistungen der sozialen Daseinsvorsorge gewährleisten und dabei unter anderem Aspekte der Gesundheitsversorgung, der Altenhilfe, der Bildung, der Kultur und der Barrierefreiheit mit [zu] berücksichtigen sowie sich mit regionalen Aspekten der aktiven Arbeitsmarktpolitik [zu] befassen".

Den Vorsitz hatte das Bundesministerium für Arbeit und Soziales, Co-Vorsitz das Bundesministerium für Gesundheit und für die Länder Schleswig-Holstein. Gemäß dem Einsetzungsbeschluss konnten sich alle Bundesressorts einschließlich der Beauftragten der Bundesregierung für Kultur und Medien sowie der Beauftragte der Bundesregierung für Mittelstand und für die neuen Bundesländer, alle Länder sowie die kommunalen Spitzenverbände an der Diskussion und Erstellung des Abschlussberichtes der Facharbeitsgruppe 5 beteiligen.

Seitens des Bundes waren neben dem Bundesministerium für Arbeit und Soziales und dem Bundesministerium für Gesundheit, das Bundesministerium des Innern, für Bau und Heimat, das Bundesministerium für Ernährung und Landwirtschaft, das Bundesministerium für Familie, Senioren, Frauen und Jugend, das Bundesministerium für Bildung und Forschung, die Beauftragte der Bundesregierung für Kultur und Medien, der Beauftragte für Mittelstand und für die neuen Bundesländer sowie das Bundeskanzleramt vertreten. Von den Ländern haben Schleswig-Holstein, Baden-Württemberg, Bayern, Brandenburg, Bremen, Mecklenburg-Vorpommern, Niedersachsen, Nordrhein-Westfalen, Rheinland-Pfalz, Saarland, Sachsen, Sachsen-Anhalt, Thüringen und zudem alle drei kommunalen Spitzenverbände, der Deutsche Städtetag, der Deutsche Landkreistag und der Deutsche Städte- und Gemeindebund, teilgenommen.

Die Vertreterinnen und Vertreter von Bund, Ländern und den kommunalen Spitzenverbänden haben konstruktiv und ergebnisorientiert zusammengearbeitet und einen konsentierten Abschlussbericht vorgelegt. Dabei wurden die unterschiedlichen Perspektiven weitestgehend berücksichtigt. Der Abschlussbericht beinhaltet unter anderem Handlungsempfehlungen zu neuen, konkreten Maßnahmen und Programmen, die zukünftig einen signifikanten Beitrag zur Herstellung gleichwertiger Lebensverhältnisse in den Städten und auf dem Land sowie im Norden, Osten, Süden und Westen Deutschlands im Bereich der sozialen Daseinsvorsorge leisten können.

Als wichtiges Ergebnis wurde die Schaffung von mehr Barrierefreiheit in Deutschland formuliert, denn die Verwirklichung von Barrierefreiheit in Deutschland ist ein wichtiger Schritt zu einer inklusiven Gesellschaft und der Anpassung an den demografischen Wandel – gerade in ländlichen Regionen. Damit können für die Menschen vor Ort, insbesondere Menschen mit Behinderungen, ältere Menschen und junge Familien, zeitnah konkrete Verbesserungen geschaffen und die Kommunen bei der Herstellung gleichwertiger Lebensverhältnisse unterstützt werden. Die Verwirklichung von Barrierefreiheit ist eine gesellschaftliche Querschnittsaufgabe, die alle Lebensbereiche und alle staatlichen Ebenen umfasst. Bis zu einem inklusiven, barrierefreien Leben für alle ist es jedoch noch ein weiter Weg. Daher sieht der Abschlussbericht vor, dass der Bund ein Förderprogramm auflegt, um insbesondere in den Bereichen Mobilität, Wohnen und Gesundheit dem Ziel einer inklusiven Gesellschaft näherzukommen.

Ein Bundesprogramm „Barrierefreiheit verwirklichen" soll bundesweit zur Verbesserung der Barrierefreiheit in den Kommunen beitragen, insbesondere in ländlichen Regionen, in denen die Infrastruktur aufgrund demografischer Entwicklungen nur noch eingeschränkt vorhanden oder zugänglich ist. Gefördert werden könnten innovative Maßnahmen, die zukunftsweisend mehr Barrierefreiheit schaffen:

- der Aufbau eines Unterstützungssystems, das bei der Bundesfachstelle Barrierefreiheit angesiedelt sein und Länder und Kommunen zu Fragen der Barrierefreiheit im öffentlichen Raum, bei öffentlichen Gebäuden, zu Wohnen, Mobilität, wohnortnaher Versorgung und Dienstleistungen sowie digitalen Angeboten unterstützen soll,

- der Ausbau der bereits vom Bundesministerium für Arbeit und Soziales gestarteten „InitiativeSozialraumInklusiv (ISI)", die gemeinsam mit den Kommunen mehr Bewusstsein im privaten Bereich für Entwicklungspotenziale durch mehr Barrierefreiheit schaffen will,

- der Umbau von nicht barrierefreien Arztpraxen und anderen Gesundheitsdienstleistungen,

- die Bereitstellung barrierefreier Mobilität und

- die Barrierefreiheit im IT-Bereich.

Eine Kampagne zur Bewusstseinsstärkung soll ein Bundesprogramm begleitend unterstützen, was die Verbände beim Fachgespräch zu Barrierefreiheit im Kontext der Facharbeitsgruppe im Dezember 2018 sehr begrüßt haben.

Fazit

Die Bundesregierung hat mit der Einsetzung der Kommission „Gleichwertige Lebensverhältnisse" den gesellschaftlichen Zusammenhalt sowie die faire Verteilung von Chancen und eine barrierefreie gesellschaftliche Teilhabe als wichtige Zukunftsprojekte definiert. Um die richtigen – teilweise regional unterschiedlichen – Maßnahmen zu erarbeiten, wurden von Anfang an alle drei staatlichen Ebenen – Bund, Länder und Kommunen – und die Zivilgesellschaft einbezogen. Aus den Ergebnissen der Facharbeitsgruppen wurden zwölf prioritäre Maßnahmen abgeleitet, um sich den großen gesellschaftlichen Herausforderungen (zum Beispiel Arbeitsplätze, Digitalisierung, Mobilität, Entwicklung der ländlichen Räume und Städte, sozialer Wohnungsbau, kommunale Altschulden, Engagement und Ehrenamt, Kindertagesbetreuung und Barrierefreiheit) zu stellen.

Die Bundesregierung setzt sich für gleichwertige Lebensverhältnisse und die Umsetzung der dafür prioritären Maßnahmen ein. Noch in dieser Legislaturperiode sollen dafür die ersten Weichen gestellt und von einem Lenkungsgremium auf Staatssekretärsebene begleitet werden, um den Zusammenhalt in Deutschland weiter zu stärken.

Aus unserem Verlagsprogramm

Inklusion ist machbar!
Das Erfahrungshandbuch aus der kommunalen Praxis

Herausgegeben von der Montag Stiftung Jugend und Gesellschaft
2018, 296 Seiten, kart.
19,80 €, für Mitglieder des Deutschen Vereins 17,50 €
ISBN 978-3-7841-2984-6

Erfahrungen aus über 30 Kommunen und Regionen zeigen, wie Inklusion umgesetzt werden kann. Das Buch ist ein Fundus an Ideen und Anregungen für die eigenen Prozesse vor Ort – für kommunale Gestalter/innen in Verwaltung, Politik, Wirtschaft, für Initiativen und alle, die sich für ein gutes Miteinander in der Gesellschaft einsetzen!

Versandkostenfrei bestellen im Online-Buchshop:
www.verlag.deutscher-verein.de

Deutscher Verein
für öffentliche und private Fürsorge e.V.
Michaelkirchstraße 17/18, 10179 Berlin
www.deutscher-verein.de

Jörg Fischer, Theresa Hilse-Carstensen

Familienpolitische Ansätze zur Förderung lokaler Infrastruktur in ländlichen Räumen

Die Ursachen für die derzeit hohe Dynamik und zunehmende Bedeutung familienpolitischer Ansätze liegen nicht nur im Ausbau und in der Fortentwicklung bestehender Angebote, sondern auch in einem neuen Verständnis von Familie und Familienpolitik begründet. In diesem neuen Verständnis werden räumlich-planerische Aspekte und die Bedarfe von Familien zusammen in den Blick genommen.

Familien als Kernelement menschlichen Zusammenlebens sind immer von gesellschaftlichen Rahmenbedingungen abhängig. Ein wesentlicher Faktor in der Beeinflussung familialer Lebensformen ist das räumliche Umfeld. Seine Wirkdimensionen beziehen sich ganzheitlich auf zentrale Faktoren wie die soziale, kulturelle und ökonomische Lage von Familien. In den letzten Jahren hat sich die Familienpolitik gewandelt: Spätestens seit dem massiven Ausbau frühkindlicher Bildung im Rahmen einer besseren Vereinbarkeit von Familie und Beruf fokussieren familienpolitische Ansätze stärker die familialen Lebenslagen. Dabei zeigt sich eine interdependente Entwicklung: Durch den enormen finanziellen Zuwachs und die politische Priorisierung nimmt Familienpolitik eine immer wichtigere Rolle in der Ausgestaltung von Bildungs- und Sozialpolitik ein. Gleichzeitig wirkt sich die Gewährleistung der kommunalen Daseinsvorsorge gerade unter den spezifischen Bedingungen des ländlichen Raums auch auf das Verständnis und die Bedeutung von Familien und Familienpolitik aus.

> Zunehmend wird die kommunale Familienpolitik zu einem relevanten Beeinflussungsfaktor für die Attraktivität ländlicher Räume im Sinne eines sogenannten weichen Standortfaktors.

Der Erhalt und die Weiterentwicklung kommunaler Infrastruktur hängt entscheidend von der Fähigkeit ab, Familienpolitik als ganzheitliche Aufgabe zu begreifen. Dazu gehört, das familienpolitische Gestaltungspotenzial zur Erhöhung der Attraktivität des ländlichen Raums zu identifizieren und familienpolitische Maßnahmen als Stellschraube für eine zukunftsfähige Infrastruktur strategisch zu nutzen. Dafür bedarf es eines ausgefeilten Systems in der Erkennung von Bedarfen, der Wertschätzung familialer Leistungen und Lebensformen innerhalb einer sich pluralisierenden Gesellschaft und der Entwicklung von fachlich angemessenen und individuell attraktiv erscheinenden Angebotsstrukturen ländlicher Bildungs- und Sozialpolitik. Der Blick auf Familien kann hierbei identitätsstiftend wirken und sowohl sozialen Zusammenhalt generieren als auch Bindeglied für den Integrationsgedanken unterschiedlicher Familienformen und kultureller wie sozialer Herkünfte sein.

Ausgehend von den bestehenden familienpolitischen Ansätzen sollen in diesem Beitrag die Verbindungen zur sozialen Infrastruktur in ländlichen Räumen analysiert werden – insbesondere mit Blick auf deren Sicherung und Weiterentwicklung. Daran anschließend werden die Prozesse zu den konkreten Leistungen auf kommunaler Ebene skizziert und mit Blick auf deren Umsetzung auch unter schwierigeren Bedingungen erläutert.

Ausgangspunkte familienpolitischer Ansätze zur Förderung lokaler Infrastruktur

Familie und Familienpolitik stehen in ländlichen Räumen vor enormen Herausforderungen. So sind beispielsweise der demografische Wandel oder infrastrukturelle Bedingungen als spezifische Wirkmechanismen zu nennen. Diese beeinflussen das Zusammenleben von Familien und sind somit in der Familienpolitik zu berücksichtigen. Eine derart raumspezifisch angelegte Familienpolitik wird bislang allerdings weder auf Bundesebene noch auf Länder- oder kommunaler Ebene umgesetzt. Gleichzeitig ist festzustellen, dass eine wachsende Anzahl kommunaler Entscheidungsträger/innen das Potenzial der Familienpolitik zur Stärkung der lokalen Infrastruktur entdeckt, z.B. indem verschiedene Politikfelder und Lebensbereiche, etwa Kindergärten und Schulen, gezielt vernetzt und auf Familien orientierte Vereine gefördert werden.

Prof. Dr. Jörg Fischer lehrt Bildungs- und Erziehungskonzepte an der Fakultät für Angewandte Sozialwissenschaften der Fachhochschule Erfurt und leitet das Institut für kommunale Planung und Entwicklung (IKPE), Erfurt. E-Mail: joerg.fischer@fh-erfurt.de

Dabei gilt es jedoch, die auf Familien wirkenden gesellschaftlichen Veränderungen zu berücksichtigen, um lokale Infrastruktur nicht an den tatsächlichen familiären Bedarfen vorbei zu entwickeln oder diese lediglich als Alibi zu nutzen. Die aktive Familienphase, das heißt die Phase des Zusammenlebens mit Kindern, ist von acht aktuellen Trends geprägt, auf die lokale Familienpolitik auch und gerade in ländlichen Räumen reagieren muss. Jurczyk und Klinkhardt (2014) nennen erstens eine Zunahme vielfältiger Lebensformen, zweitens eine langsame, aber kontinuierliche Erosion des konventionellen Ernährermodells und drittens eine Entgrenzung von Erwerbsbedingungen. Hinzu komme viertens ein Trend von Eltern unter Druck in der (Nicht-)

Dr. Theresa Hilse-Carstensen ist wissenschaftliche Mitarbeiterin am IKPE. E-Mail: theresa.hilse-carstensen@ikpe-erfurt.de

Vereinbarkeit von Beruf und Familie – trotz aller politischen Bemühungen. Als fünften Punkt nennen die Autorinnen eine Polarisierung der Lebenslagen, die mit zunehmender Kinder- und Familienarmut einhergeht; schon heute sei Kinder- und Familienarmut in Deutschland überdurchschnittlich hoch, doch werde diese Tatsache gesellschaftlich nicht wahrgenommen. Sechstens sei eine kulturelle Diversifizierung durch Familien mit Migrationshintergrund festzustellen und siebtens größere Chancen, aber auch Unsicherheitsbelastungen durch neue Gestaltungsräume von Kindheit und Jugend. Achtens schließlich zeige sich eine schwindende Passfähigkeit von Infrastrukturen für Familien.

Neben diesen allgemeinen Faktoren wird der Blick auf Familie und Familienpolitik als Teil kommunaler Infrastrukturgestaltung maßgeblich durch die Wahrnehmung in Politik und Gesellschaft geprägt (siehe Fischer/Römer 2016). Familie erscheint hierbei als ein omnipräsenter Begriff, der aber weniger empirisch gesättigt als vielmehr hoch ideologisch belegt ist (vgl. Fischer u.a. 2012). Bis heute wird Familie vordergründig als Zusammenleben mit Kindern definiert. Die in der Praxis gelebte Vielfalt an Lebensformen und die Dynamik des familiären Wandels finden in der öffentlichen Wahrnehmung nur eine geringe Entsprechung. Stattdessen unterliegen die Auffassungen von Familie in öffentlichen und politischen Diskussionen häufig ideologischen Vorannahmen und Partikularinteressen. Trotz des bereits seit Langem diskutierten demografischen Wandels und zunehmender empirischer Evidenz finden Veränderungen im familiären Zusammenleben – z.B. Übergänge zu familiären Lebensformen ohne minderjähriges Kind oder mit mindestens einer hochaltrigen oder pflegebedürftigen Person im Haushalt – nur geringe Berücksichtigung im Rahmen familienpolitischer Angebote. Erschwerend kommt hinzu, dass vor allem in lokalen Kontexten die Lebenssituation von Familien kaum empirisch erfasst wird.

Aus fachlicher und politischer Sicht ergeben sich für den Einbezug familienpolitischer Leistungen in die lokale Infrastruktur folgende Herausforderungen:

- Die Kommune ist zwar Lebensort für Familien, aber bislang nicht mit einem familienpolitischen Gestaltungsmandat ausgestattet.

- Es existiert kein abgestimmtes Verständnis von Familienpolitik zwischen Landes- und kommunaler Ebene.

- Familienpolitik zeichnet sich auf allen Ebenen durch eine hohe Unübersichtlichkeit der Ansätze aus, die es sowohl den Adressat/innen wie auch den Erbringer/innen und Gestalter/innen erschwert, alle Leistungen zu überblicken.

- Innerhalb der öffentlichen Verwaltung gibt es keine systematisch aufeinander aufbauenden und/oder fachbereichsübergreifenden familienpolitischen Leistungen.

- Zentrale Herausforderungen von Familie werden bisher nicht ausreichend in familienpolitische Ansätze einbezogen; vor allem die Themenbereiche Familie und Pflege, Familie und Sucht, Familie und sozialer Raum werden kaum berücksichtigt.

- Bedarfe und Angebote für und von Familien sind häufig fremdbestimmt, nicht passgenau und nicht genügend an der aktuellen Situation von Familien ausgerichtet.

Ansprüche an die Förderung lokaler Infrastruktur im ländlichen Raum

Das Thema „Förderung von Infrastruktur im ländlichen Raum" wird derzeit vom öffentlichen Diskurs über die Herstellung gleichwertiger Lebensverhältnisse in Deutschland dominiert. Laut bundespolitischen Vertreter/innen soll die Förderung lokaler Infrastruktur künftig bedarfsorientierter gestaltet werden, was auch bedeutet, nicht (mehr) nach dem Gießkannen-Prinzip vorzugehen. Diese Auffassung ist derzeit in Tageszeitungen oder Nachrichtenportalen weit verbreitet.

In der Diskussion um gleichwertige Lebensverhältnisse werden wirtschaftlich stark aufgestellte Zentren den Regionen gegenübergestellt, die als strukturschwach gelten und schon heute mit zahlreichen Problemen, z.B. Abwanderung und Fachkräftemangel, zu kämpfen haben. Auch künftig werden strukturschwache Regionen mit vielen Herausforderungen konfrontiert sein. Ländliche Räume werden besonders stark betroffen sein, weil hier oftmals Infrastruktur wie Breitbandausbau, lokale Nahversorgung und öffentlicher Nahverkehr fehlen oder unzureichend sind. Diese Regionen drohen stark zu überaltern und infrastrukturell abgehängt zu werden, sodass auch zukünftig nur wenig Anreize für junge Menschen und Familien bestehen werden, in diesen Regionen zu leben.

In vielen ländlichen Räumen geht es bei der Förderung lokaler Infrastruktur um Grundsatzthemen wie Internetausbau, Mobilitätsangebote für die Bürger/innen, investive Maßnahmen wie die Sanierung von Ortskernen, Umgang mit Leerstand, aber auch um den Erhalt von Infrastruktur, das Aufrechterhalten des Soziallebens wie Vereinstätigkeiten oder andere Strukturen solidarischer Gemeinschaften sowie die Versorgungssicherung älterer Menschen, die in dünn besiedelten Räumen zurückbleiben. Die To-do-Liste für die Politik ist lang. Angesichts dessen muss gefragt werden: „Wie wenig ist genug?" (IBA Thüringen 2019). Was kann kommunale Daseinsvorsorge leisten bzw. wie kann sie überhaupt aufrechterhalten werden?

Die Kommunen befinden sich in einem Zwiespalt: Einerseits steht die Frage im Raum, wie viel in dünn besiedelte und wirtschaftlich schwache Regionen investiert werden soll, andererseits sollen genau diese Regionen für junge Menschen und junge Familien attraktiv gemacht werden. Gegenwärtig gibt es in ländlichen Regionen oftmals (noch) Kapazitäten für die Kinderbetreuung oder familiengerechten Wohnraum, doch fehlt es z.B. an Arbeitsplätzen, einer medizinischen Versorgungsstruktur oder attraktiven Konsum- und Freizeitmöglichkeiten.

Die kommunale Daseinsfürsorge ist in allen Bereichen mit Veränderungen konfrontiert: Diese sind zum einen auf eine veränderte Nachfrage und sich ändernde Bedarfe der Bürger/innen zurückzuführen, zum anderen auf die Auswirkungen gesellschaftlicher Trends wie dem demografischen Wandel. Deshalb gilt es strategisch auszuloten, was Kommunen (noch) leisten können und welche Spielräume kommunalen Handelns bestehen. Die Antworten sollten regionalspezifisch gefunden werden: Was wird konkret vor Ort gebraucht? Welche Bedarfe haben die Bürger/innen und wie haben diese sich möglicherweise verändert? Neben dem Fokus auf regionale Entwicklungsprozesse ist auch ein (neues) Selbstverständnis der Kommunen erforderlich, das kommunale Daseinsvorsorge vor dem Hintergrund knapper Ressourcen und sich verändernder Bevölkerungsstrukturen im ländlichen Raum neu denkt. Kommunen verstehen sich zukünftig womöglich eher als dialogorientierte Vernetzungsstellen, die verschiedene Fachressorts, weitere Akteure (freie Träger, Bürger/inneninitiativen etc.) und Angebote zusammendenken. In einem anderen Zukunftsszenario findet kommunales Handeln mehrheitlich interkommunal und digital statt.

> Die infrastrukturelle Ausstattung einer Region nimmt Einfluss auf die subjektiv bewertete bzw. der Region zugeschriebene Lebensqualität. Familien sind in ihrer Alltagsorganisation auf unterschiedlichste Angebote – wie (flexible) Arbeitsplätze, Betreuung für (Klein-)Kinder oder Nahversorgung – angewiesen, sodass die Verwirklichung ihrer Bedarfe eng an die Nutzung regionaler Infrastruktur gebunden ist.

Von der Planung zum Angebot familienpolitischer Leistungen auf lokaler Ebene

Familienpolitische Ansätze auf kommunaler Ebene können nur dann erfolgreich implementiert werden und ihre intendierte Wirkung entfalten, wenn planerische und gestalterische Aspekte ausreichend berücksichtigt werden. Nachfolgend sollen einige zentrale Merkmale benannt und analysiert werden.

Familienpolitische Angebote sind ganzheitlich zu betrachten.

Ganzheitlichkeit bezieht sich auf eine doppelte Perspektive. Zuvorderst kann nicht erwartet werden, dass sich Bedarfe von Familien stringent an öffentlichen Verwaltungsstrukturen ausrichten. Vielmehr sind die familiären Herausforderungen, die sozialstaatlich als Bedarf definiert werden, komplexerer Natur und überschneiden sich nur zufällig mit der zuständigkeitsorientierten Betrachtung sozialer Probleme in der öffentlichen Verwaltung. Daraus ergeben sich klare Verantwortungsbereiche in der Steuerung und

Finanzierung und bei der Bearbeitung durch Expert/innen. Besonders wirksam ist eine derartig verfasste kommunale Daseinsvorsorge bei Problemen, die sich mit einem administrativen Zuständigkeitsbereich decken. Eine Bearbeitung sozialpolitischer Aufgaben, die zwei und mehr Zuständigkeitsbereiche berühren, ist jedoch eine große Herausforderung. Ganzheitliches Wahrnehmen und Arbeiten bedeutet in diesem Zusammenhang eine Überwindung von nebeneinander arbeitenden Strukturen, die im Extremfall keine Kenntnis davon haben, dass sie sich mit der gleichen Bezugsgruppe beschäftigen. Die institutionelle Zerstückelung der Lebenswelten trägt dazu bei, dass Bedarfe und Leistungsangebote nicht passfähig zueinander sind (vgl. Schubert 2013, 281).

> Familienpolitische Bedarfe benötigen ganzheitliche Lösungen.

Bei komplexen familialen Lebenslagen sollte im Sinne einer Ganzheitlichkeit sichergestellt werden, dass die Zusammenhänge zwischen den Bedarfen erkannt und mit Handlungsstrukturen in Beziehung gesetzt werden. Es gilt, vom konkreten Problem auszugehen, dieses aber in seiner Ganzheitlichkeit zu erfassen und zu bearbeiten. So soll vermieden werden, immer nur jenen Teil des Problems zu sehen, der in die eigene Zuständigkeit passt, und die anderen Problembereiche in Bezug auf die systemischen Zusammenhänge nicht in den Blick zu nehmen.

Die Modernisierungserfordernisse in den Kommunen machen einen integrierten Planungsansatz notwendig (vgl. Böhmer 2017, 10). Angesichts multikomplexer Problemlagen können effektive Problemlösungen nur gefunden werden, wenn parallele Wahrnehmungs- und Handlungsstrukturen überwunden werden. Parallelplanungen erzeugen nicht nur unnötige Mehrkosten, sondern häufig auch Unverständnis bei divergierenden und nicht aufeinander bezogenen Daten, die in den fachlichen und politischen Diskurs eingespeist werden.

> Lokale familienpolitische Angebote bedürfen einer sektorenübergreifenden Zusammenarbeit.

Kommunale Planung auf der infrastrukturellen Ebene orientiert sich in den Planungsstrukturen und -prozessen in der Regel an der klassischen Beschreibung des wohlfahrtsstaatlichen Arrangements von Franz-Xaver Kaufmann (2003, 42). Kaufmann definiert dieses Arrangement als bestimmte Strategie und Kombination zwischen staatlicher, marktlicher, betrieblicher, assoziativer und familialer Wohlfahrtsproduktion in einer spezifischen Konfiguration unterschiedlicher Versorgungsformen. Die Berücksichtigung dieses Gefüges und vor allem dessen Veränderung sind für kommunale Planung auch in der lokalen Familienpolitik konstitutiv. Im Wechselspiel von Bedarf und Angebot besteht die Aufgabe darin, die spezifischen sozialpolitischen Spielregeln, etwa im Übergang von individuellen Bedürfnissen zu politisch anerkannten Bedarfen, durch Planung zu erfassen und Handlungsspielräume sowie Veränderungsbedarfe und -potenziale frühzeitig zu erkennen. Gerade im ländlichen Raum ist es angesichts häufig großer Bemühungen um die Sicherung einer sozialen Infrastruktur in Zeiten des demografischen Wandels dringend notwendig, auch die potenziellen Akteure zur Pflege dieser Struktur zu identifizieren und für eine Mitwirkung zu sensibilisieren und zu befähigen.

> Familienpolitische Angebote im ländlichen Raum brauchen eine gesellschaftliche Einbindung.

Mit einer ganzheitlichen Perspektive werden im ländlichen Raum die üblichen Grenzen kommunaler Verwaltung überschritten. Planung verbleibt nicht innerhalb des üblichen Spektrums von Verwaltungs- und Leistungsanbieter/innen, sondern bindet weitere Akteure aus dem gesellschaftlichen Umfeld bewusst ein. Integrierte Familienpolitik ist nicht nur den unmittelbar Beteiligten vorbehalten, sondern bezieht sich a priori auf alle Akteure, die von den Entscheidungen beeinflusst werden. Das damit verbundene Stakeholder-Modell stellt aber nicht nur eine numerische Erweiterung dar, sondern berücksichtigt auch die Herkunft, die Position, die Kompetenzen und Potenziale der sehr unterschiedlichen Stakeholder. Insofern umfasst eine integriert angelegte Planung von Familienpolitik im Sinne des Stakeholderansatzes nicht nur eine strukturbezogene, sondern auch eine prozessbezogene Komponente, die aufgrund der Multikomplexität an Planungsaufgaben eher zu- als abnimmt. Für die Kommunen erwächst daraus die Herausforderung, die zu beteiligenden Akteure zu identifizieren, geeignete Ansprache- und Teilhabeformate zu entwickeln sowie raum-, problem- oder gruppenbezogene Zielperspektiven transparent zu machen. Zweifelsohne ist mit diesem Ansatz auch eine veränderte Position des Verwaltungshandelns in der Kommune verbunden, da dieser Prozess nicht mehr auf dem tradierten Verständnis von kommunalem Auftraggeber und zivilgesellschaftlichem Auftragnehmer basiert. Vielmehr trägt dieser Ansatz eine deutlich partizipative Handschrift, die neben den dafür erforderlichen Kompetenzen auch ein modifiziertes kommunales Selbstverständnis benötigt.

Das Thüringer Landesprogramm „Solidarisches Zusammenleben der Generationen"

Ein Beispiel für eine Neuausrichtung der Familienpolitik im Sinne einer integrierten Planung der Angebote stellt das Thüringer Landesprogramm „Solidarisches Zusammenleben der Generationen" (LSZ, vgl. www.eins99.de) dar. Mit dem Landesprogramm gehen in Thüringen einige Neuerungen in Bezug auf familienpolitische Angebote einher. Familienpolitik – und vor allem die Steuerung der Angebote für Familien – erfolgt erstmalig auf kommunaler Ebene. Auf der Grundlage einer bedarfsgerechten und partizipativ angelegten integrierten Sozialplanung haben Kommunen die Verantwortung wie auch den Gestaltungsspielraum, Familienpolitik vor Ort zu gestalten. Im Planungsprozess geht es darum, das Verhältnis von Kommunalverwaltung, freien Trägern, der Zivilgesellschaft sowie der Zielgruppe regionalspezifisch zu verhandeln. Mit diesem Vorgehen sind neue Möglichkeiten, aber auch Herausforderungen für die Kommunen verbunden. Seit Anfang 2019 stehen die Kommunen in Thüringen vor der Aufgabe, das Landesprogramm von einer bis 2018 überwiegenden Planungsprogrammatik in eine kommunalspezifische Steuerungs- und Umsetzungspraxis mit Fokus auf eine bedarfsgerechte Angebotsentwicklung zu überführen.

Was ist „das Innovative" am LSZ? Zur Beantwortung dieser Frage können vier Schwerpunkte genannt werden:

(1) *Die inhaltliche Ausrichtung:* Im Landesprogramm wird Familie über die Triade von Mutter–Vater–Kind(er) hinaus definiert. Familie wird als solidarische Gemeinschaft verstanden. Dieses Verständnis bezieht sich auf alle Generationen und basiert auf dem Prinzip der gegenseitigen Verantwortungsübernahme.

(2) *Der Fokus auf integrierte Sozialplanung:* Familienpolitik als Teil kommunaler integrierter Sozialplanung wird als fachressortübergreifendes Querschnittsthema aufgegriffen, das vor Ort geplant und gestaltet wird. So kann schnell und regionalspezifisch auf Veränderungen, z.B. im Zuge des demografischen Wandels, reagiert werden. Der Planungsprozess ist dabei stets an den (sich verändernden) Bedarfen der Familien in der Region ausgerichtet. Familienpolitische Angebote werden möglichst ganzheitlich, für Familien und vor allem mit Familien konzipiert. Die integrierte Sozialplanung ist ein verpflichtender Bestandteil des LSZ.

(3) *Die Programmarchitektur:* Die Landespolitik agiert im Rahmen des LSZ als Fördergeber, als Inputgeber und als Begleiter. Die Kommunen gestalten die Familienpolitik vor Ort, sodass regionalspezifisch unterschiedliche Wege eingeschlagen und individuelle Lösungen gefunden werden können. Darüber hinaus wird es möglich, dass sich unterschiedliche Akteure (Verwaltung, Leistungserbringer/innen, Interessengruppen, Zivilgesellschaft etc.) als Expert/innen vor Ort in lokalen Netzwerken zusammenschließen und sich an der regionalen Umsetzung des Landesprogramms beteiligen. Ausgangspunkt ist, dass kommunale Akteure als Expert/innen vor Ort familienpolitische Maßnahmen planen und gestalten.

(4) *Die Prozesshaftigkeit:* Dem LSZ ist ein Selbstverständnis inhärent, das als ein lernendes Modell mit hoher Prozessorientierung und Dynamik beschrieben werden kann. Von daher ist es einerseits selbstverständlich und andererseits notwendig, zukünftig an der einen oder anderen Stelle nachzusteuern – sowohl ausgehend von der Landesebene als auch auf kommunaler Ebene. Bei der Umsetzung des LSZ soll auf Landes- wie auch auf kommunaler Ebene eine große Anzahl verschiedener Akteure eingebunden und in unterschiedlichen Konstellationen vereint werden. Eine zentrale Aufgabe besteht darin, Kommunikations- und Übersetzungsarbeit zwischen diesen Akteuren zu leisten. Dies ist nur ein Beispiel für die Dynamik, die mit dem Landesprogramm einhergehen kann. Die Kommunen werden dabei vom

Institut für kommunale Planung und Entwicklung im Rahmen einer Prozessbegleitung unterstützt.

Mit Blick auf diese vier Schwerpunkte lässt sich erkennen, dass das LSZ mehrere Aspekte miteinander verbindet: fachlich-inhaltliche Anforderungen, eine veränderte kommunalstrategische Ausrichtung, eine neue Programm- bzw. Förderarchitektur sowie einen Fokus auf bedarfsorientierte und beteiligungsbasierte familienpolitische Angebote. Wichtig ist, dass das Landesprogramm „Solidarisches Zusammenleben der Generationen" kein ausschließlich monetär angelegtes Förderprogramm ist, sondern einen hohen inhaltlichen und prozessualen Anspruch verfolgt. Auf diese Weise kann Familienpolitik als Teil integrierter Sozialplanung in Thüringen bedarfsgerecht und dialogorientiert fortentwickelt werden.

Fazit

Mit Blick auf Familie und Familienpolitik lassen sich eine hohe Dynamik und eine zunehmende Bedeutung konstatieren. Die Ursachen dafür liegen nicht nur im Ausbau und der Fortentwicklung bestehender Angebote, sondern auch in einem neuen Verständnis von Familie und Familienpolitik begründet. Einer der zentralen Faktoren dieser Neuausrichtung ist der Fokus auf integrierte Planungsprozesse. Hierzu gehört auch der Einbezug des räumlich-planerischen Blickes in ein bislang empirisch nicht sehr tief untersetztes Handlungsfeld. Das Zusammendenken von infrastrukturellen Aspekten eines Raumes und den Bedarfen von Familien ermöglicht es, die spezifischen Bedingungen des ländlichen Raums qualitativ anders als bisher zu erfassen und daraus eigene Ableitungen für eine kommunale Familienpolitik zu entwickeln.

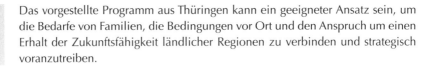

Das vorgestellte Programm aus Thüringen kann ein geeigneter Ansatz sein, um die Bedarfe von Familien, die Bedingungen vor Ort und den Anspruch um einen Erhalt der Zukunftsfähigkeit ländlicher Regionen zu verbinden und strategisch voranzutreiben.

Literatur

Böhmer, Anselm (2017): Zum aktuellen Stand der Sozialplanung, in: Sozialmagazin, 5–6/2017, S. 6–13.

Fischer, Jörg/Huth, Christoph/Lebwohl, Viktoria/Römer, Robert (2012): Kommunale Berichterstattung in Thüringen. Das Sozial-, Bildungs- und Gesundheitsberichtswesen im landesweiten Vergleich, Erfurt.

Fischer, Jörg/Römer, Robert (2016): Der Ausbaustand und die Herausforderungen kommunaler Familienbildung. Ergebnisse einer empirischen Untersuchung in Thüringen, in: NDV 2/2016, S. 73–78.

IBA Thüringen (2019): Thema Stadtland auf der IBA Thüringen, https://www.transforming-cities.de/thema-stadtland-auf-der-iba-thueringen/ (23. Juli 2019).

Jurczyk, Karin/Klinkhardt, Josefine (2014): Vater, Mutter, Kind? Acht Trends in Familien, die Politik heute kennen sollte, Gütersloh.

Kaufmann, Franz-Xaver (2003): Varianten des Wohlfahrtsstaats. Der deutsche Sozialstaat im internationalen Vergleich, Frankfurt a.M.

Schubert, Herbert (2013): Netzwerkmanagement in der Sozialen Arbeit, in: Fischer, Jörg/Kosellek, Thomas (Hrsg.): Netzwerke und Soziale Arbeit. Theorien, Methoden, Anwendungen, Weinheim, S. 267–286.

Dirk Lüerßen

Wie sich Fachkräfte gewinnen und halten lassen: Wachstumsregion Ems-Achse e.V.

„Eine Arbeitslosenquote von 2,5 % in einem Flächenlandkreis in Norddeutschland? Die Menschen arbeiten dann aber bestimmt alle im Tourismus!" Solche Vorurteile über ländliche Räume gibt es viele – bei der Suche nach Fachkräften ist das Risiko und Chance zugleich.

Ostfriesland, das Emsland und die Grafschaft Bentheim sind beliebt – zumindest sprechen die über 20 Millionen Übernachtungen von Tourist/innen in jedem Jahr eine deutliche Sprache. Doch selbst regelmäßige Besucher/innen der Region wissen nur selten um die wirtschaftliche Stärke und die Perspektiven auf dem Arbeitsmarkt. Seit gut zehn Jahren arbeitet der Verein „Wachstumsregion Ems-Achse e.V." daran, Fachkräfte zu „finden und zu binden".

Wachstumsregion Ems-Achse e.V.

Bei der Gründung des Vereins 2006 standen noch andere Aspekte im Mittelpunkt. Ein Jahr zuvor war als gemeinsame Aktion der gesamten Region und der Niederlande der vorzeitige Lückenschluss der Autobahn 31 gelungen. Alle Partner hatten erkannt, dass sie gemeinsam mehr erreichen können. Doch das Wissen übereinander und das Verständnis vom Miteinander waren ausbaufähig. Daher setzte die Ems-Achse bei ihrer Gründung einen Schwerpunkt auf die Vernetzung – vor allem durch Branchencluster, z.B. im Metall- und Maschinenbau, in der Kunststoffindustrie oder in der Logistik. Zweiter Schwerpunkt war das Lobbying für die Region. Insbesondere in Niedersachsens Landeshauptstadt Hannover und in Berlin setzt sich das Bündnis seitdem für eine gezielte Förderung ländlicher Räume ein. Die wesentliche Botschaft lautet: Es lohnt sich, in „das Land" zu investieren. Dabei geht es nicht nur darum, die Gleichwertigkeit von Lebensverhältnissen zu erreichen. In der Debatte entsteht gelegentlich der Eindruck, es reiche, etwas oder viel Steuergeld zu geben, um eine Landflucht zu verhindern.

Investitionen in ländliche Räume haben aber einen Eigenwert, das Land ist mehr als nur „keine Metropole". Und Leben auf dem Land ist nicht nur Kulisse, sondern ein eigenständiger Lebensentwurf.

Dieser Entwurf passt offenbar auch zur Planung von immer mehr Menschen: Über 72.000 neue sozialversicherungspflichtige Stellen sind seit 2008 im Emsland, in der Grafschaft Bentheim und in Ostfriesland entstanden.[1] Die Region, die früher als Armenhaus Deutschlands und Niedersachsens galt, hat inzwischen eine Arbeitslosenquote in Teilbereichen von deutlich unter 3 %. Als kurz nach der Gründung der Ems-Achse das Thema Fachkräfte in den Fokus geriet, wurde als Grundlage eine Beschäftigungsprojektion in Auftrag gegeben: Wie entwickelt sich der Arbeitsmarkt, wo entstehen und wo verschwinden Stellen, welche Lücke wird sich durch den demografischen Wandel ergeben? Die Akteure wollten mehr als nur eine Vermutung als Basis ihrer zukünftigen Arbeit. Ein wesentliches Ergebnis der „Beschäftigungsprojektion Wachstumsregion Ems-Achse bis zum Jahr 2025"[2] war die Annahme, dass der Fachkräftebedarf nicht mehr durch das Potenzial vor Ort gedeckt werden kann. Ausgehend von den seinerzeit vorliegenden Zahlen war bis 2025 ein Zuwachs von 12.000 Stellen erwartet worden. Zugleich prognostizierten die Wissenschaftler eine Lücke von 24.000 Personen, da die verfügbaren erwerbsfähigen Personen durch den demografischen Wandel entsprechend abnehmen würden.

Dr. Dirk Lüerßen
ist Geschäftsführer des Wachstumsregion Ems-Achse e.V., Papenburg.

Förderung der Jugendlichen in der Region

Die Ems-Achse, der inzwischen rund 660 Unternehmen, Kommunen, Kammern, Bildungseinrichtungen und Verbände angehören, startete 2009 ihre erste Fachkräfteinitiative und nahm in der Arbeit somit richtig Fahrt auf. Zunächst ging es um die Analyse, welche Potenziale überhaupt zur Verfügung stehen. Bis heute sieht die Region die meisten Möglichkeiten in den eigenen Jugendlichen. Deshalb gibt es eine Fülle von Angeboten unter dem Stichwort „Junge Ems-Achse". Einige seien hier beispielhaft genannt:

Mit den „Job-Bussen" ergänzt das Bündnis die Aktivitäten der Berufsorientierung an Schulen. Schüler/innen haben die Gelegenheit, mit einer vorbereiteten und begleiteten Bustour an einem Tag zwei oder drei Arbeitgeber kennenzulernen. Dabei stehen Betriebe ähnlicher Branchen auf dem Reiseplan. Denn bei gemischten Touren (z.B. erst ein Handwerker, dann ein Krankenhaus und danach eine Verwaltung) langweilen sich schnell große Teile der Jugendlichen, weil sie bestimmte Berufe ausschließen oder sich nur für ein definiertes Berufsfeld interessieren. Die Job-Busse sind bei Arbeitgebern und Schulen gleichermaßen beliebt, da sie eine Lücke in der Berufsorientierung schließen und für die Unternehmen einfach und schnell zu organisieren sind. Auch

---

[1] https://info.emsachse.de/aktuelles/nachricht/id-72500-neue-stellen-in-der-wachstumsregion-ems-achse.html (30. August 2019).
[2] https://info.emsachse.de/projekte/fachkraefteinitiative.html?file=files/inhalt/dokumente/dit%20und%20dat/GWS_Studie_Endbericht_BeschaeftigungsprojektionMai2009.pdf (30. August 2019).

kleine Unternehmen können so direkt potenzielle Auszubildende erreichen, da die Gruppengrößen zwischen sechs und 35 variieren.

Die Ems-Achse verfolgt in vielen Punkten den Ansatz, Lücken im Angebot zu schließen oder Mehrwerte einer großen regionalen Kooperation aufzuzeigen. Das gilt auch für die Info-Veranstaltungen „Abi ist nicht alles" und „Abitur, was dann?". Was zunächst wie ein Widerspruch klingt, ist eine Antwort auf die Entwicklung hin zu immer mehr Schüler/innen auf den Gymnasien. Mit der ersten Veranstaltung informiert die Ems-Achse Eltern und Großeltern und nimmt ihnen die Angst, dass die „Karriere" der Kinder beendet ist, wenn sie kein Gymnasium besuchen. Die vielfältigen und häufig unbekannten Möglichkeiten des niedersächsischen Schulsystems, der dualen Ausbildung und der Nachfrage am Arbeitsmarkt nach Fachangestellten, Facharbeiter/innen und Handwerker/innen werden neutral vorgestellt. Gleichermaßen unterstützt das Bündnis bei der Frage, was nach dem Abitur kommt: Studium, duales Studium, duale Ausbildung? Und wenn es nicht ganz nach Plan läuft, unterstützt die Ems-Achse mit dem Projekt „Erfolgreich 4.0" auch Studienabbrecher/innen, um einen erfolgreichen Bildungsumstieg zu schaffen.

Bei den einzelnen Maßnahmen und Projekten geht es nicht immer nur um große Zahlen und Hunderte von Teilnehmenden, sondern um Modellvorhaben und den Fingerzeig, was insbesondere kleine und mittlere Unternehmen tun können. Besonders erfolgreich zeigt sich zum Beispiel das Projekt „Wir packen an!", das Ehrenamt und Berufsorientierung zusammenbringt. Junge Menschen sind häufig bereit, sich für die Gesellschaft zu engagieren. Das erfolgt aber in der Regel nicht durch Übernahme eines Ehrenamtes oder Vorstandspostens, sondern durch konkretes Anpacken. In dem Vorhaben werden Jugendliche durch Praktika in Betrieben fit gemacht, sich sinnvoll einzubringen. So hat eine Tischlerei eine Gruppe Schüler/innen durch die Vermittlung und Begleitung der Ems-Achse im Praktikum betreut, für den örtlichen Reiterverein entstand ein neues Hindernis – und zwei der Jugendlichen begannen in den Folgejahren ihre Ausbildung im Betrieb.

Solche Win-win-Situationen versucht die Ems-Achse auch mit anderen Aktivitäten zu schaffen. Für die Region wurde so ein neues Portal für Berufsorientierung entwickelt, das im Sommer 2019 online ging. Ausgangspunkt war die Überlegung der Kammern und Bildungsregionen, die Berufsorientierung insbesondere an Gymnasien zu unterstützen. Die Ems-Achse bot sich als Partner an, da sie bereits über langjährige Erfahrung und die entsprechenden Nutzerzahlen durch ein eigenes Stellen- und Bewerberportal verfügte. Die sogenannte Job-Achse war vor knapp zehn Jahren zunächst als Stellenportal geschaffen worden, um auf einen Blick die freien Arbeitsplätze in der Region zu präsentieren. Auswärtige Fachkräfte, die über zahlreiche Aktivitäten angesprochen werden, reagieren nämlich häufig auf den Hinweis auf die niedrige Arbeitslosenquote mit der Frage: „Aber für mich haben Sie nichts, oder?" Dann ist es wichtig, konkrete Jobangebote aufzuzeigen – am besten im Gesamtkontext einer attraktiven Region.

Anwerbung auswärtiger Fachkräfte

Das Portal bietet inzwischen auch die Möglichkeit für Bewerber/innen, sich dort zu registrieren und damit quasi eine Bewerbung an die Region abzugeben. Die Ems-Achse bewirbt es auf vielfältige Weise. Auf Job-Messen in Nordrhein-Westfalen und Niedersachsen ist das Team regelmäßig vertreten. Das entspricht dem Zuschnitt der touristischen Quellgebiete. In Nordrhein-Westfalen und Niedersachsen braucht die Region nicht verortet zu werden, denn die meisten Angesprochenen kennen und schätzen das Emsland, Ostfriesland oder die Grafschaft Bentheim aus dem Urlaub. Diese Zielgruppe wird auch bei den Touristen-Aktionen angesprochen, die zunehmend erfolgreich sind. Am Fähranleger von Norddeich oder auf Norderney und im Ferienzentrum Schloss Dankern in Haren (Ems) war die Ems-Achse inzwischen mehrfach vor Ort, um Menschen in entspannter Urlaubsatmosphäre auf die Vorzüge der Region anzusprechen. Bei der Kommunikation wird versucht, auf austauschbare Slogans wie „Arbeiten, wo andere Urlaub machen" zu verzichten. Stattdessen wirbt das Bündnis mit: „Hier bleib ich": Damit können die Perspektiven in der Region aufgezeigt werden und auch Einheimische können sich damit identifizieren.

In den Gesprächen geht es darum, konkrete Mehrwerte des Lebens im Nordwesten aufzuzeigen und Vorurteile zu entkräften. Das geschieht häufig anhand konkreter Beispiele. So nimmt das Team gelegentlich aktuelle Immobilienangebote mit zu Messen, um nicht nur auf die im Durchschnitt niedrigen Immobilienpreise hinzuweisen, sondern echte Häuser mit echten Werten und Preisen vorzustellen. Das ist deutlich einprägsamer als die Aussage, dass die Lebenshaltungskosten in ländlichen Räumen günstiger sind.

Auch bei anderen Themen versucht die Ems-Achse, möglichst realistische Einblicke zu gewähren. Deshalb sind bei den Aktionen für Tourist/innen, auf Jobmessen oder bei anderen Einsätzen auch nur Mitarbeiterinnen und Mitarbeiter der Geschäftsstelle oder von Mitgliedseinrichtungen vertreten. Sie können authentisch über die Region sprechen und kennen auf viele Fragen die richtigen Antworten. Es sind wiederkehrende Themen, die die Menschen bewegen, wenn sie sich mit dem Gedanken vertraut machen, den Wohnort und Lebensmittelpunkt für eine neue Tätigkeit zu wechseln. Zum Teil ist es natürlich abhängig vom Alter und der familiären Situation. In der Regel sind es aber Familien, die ihren Kindern ein optimales Umfeld zum Aufwachsen bieten wollen. Deshalb spielen Bildungsmöglichkeiten, medizinische Versorgung, Vereinbarkeit von Familie und Beruf, verkehrliche Erreichbarkeit und Freizeitangebote eine wichtige Rolle. Hinzu kommen Aspekte wie das Kulturleben, Internet- und Mobilfunkanbindung oder die Sicherheit.

Unterstützung für zugezogene Fachkräfte

Das Team der Ems-Achse kann zu vielen Fragen konkrete Auskunft geben und potenzielle Arbeitgeber nennen. Doch die Unterstützung beginnt erst dann: Mit dem Welcome-Center Ems-Achse hilft die Region in vielen Punkten. Dazu gehört die Wohnungssuche, der Job für den Partner oder die Partnerin oder die Beratung zu Kita-Plätzen oder Schulen. Die Leiterin des Welcome-Centers berät ganzjährig interessierte Fachkräfte und verzeichnet zunehmend Anfragen. Ein wesentlicher Teil des Erfolgs ist dabei die Unterstützung aus den fünf beteiligten Landkreisen Aurich, Emsland, Grafschaft Bentheim, Leer und Wittmund sowie der Stadt Emden. Überall sitzen Fachkräftemanager/innen, die vor Ort beraten und durch ihre Ortskenntnisse noch schneller unterstützen können.

Insbesondere hoch qualifizierte Fachkräfte erwarten heute – im Wettstreit der Regionen um die besten Köpfe – beinahe ein „Rundum-sorglos-Paket", wenn sie in eine andere Gegend ziehen. Zudem spricht das Angebot insbesondere viele Migrantinnen und Migranten an, die in Deutschland beruflich Fuß fassen wollen. Die Ems-Achse versucht sich darüber hinaus von anderen Regionen abzuheben, indem sie noch ein bisschen mehr bietet. Dazu zählt beispielsweise die Kinder-Notfall-Betreuung, die kostenlos für Mitglieder des Bündnisses zur Verfügung steht. Denn häufig funktioniert die reguläre Kinderbetreuung (über Krippe, Kita, Schule, Tagesmütter usw.) sehr gut, doch was passiert, wenn etwas dazwischenkommt? Ein Wasserschaden in der Kita, die Tagesmutter ist krank oder Ähnliches? Bei Eltern, die im Emsland, in Ostfriesland oder in der Grafschaft groß geworden sind, ist das selten ein Problem: Großeltern, Verwandtschaft oder Nachbar/innen springen ein, wenn Mutter oder Vater bei der Arbeit gebraucht werden – das soziale Netzwerk funktioniert hier noch. Für zugezogene Fachkräfte ist das aber häufig eine echte Herausforderung, bei der die Kinder-Notfall-Betreuung hilft. Über eine Hotline wird eine qualifizierte Betreuungsperson geordert, die zu Hause oder im Betrieb auf das Kind aufpasst. Die Umsetzung erfolgt durch die Kooperation mit dem Familien-Service Weser-Ems, einem regionalen Verein, der sich auf die betriebliche Kinderbetreuung spezialisiert hat und rund 20 Einrichtungen für unter Dreijährige betreibt. Das Angebot ist – wie erläutert – durch den Mitgliedsbeitrag in der Ems-Achse abgedeckt und ein echter Beitrag für mehr Attraktivität der einzelnen Arbeitgeber und der ganzen Region.

Beratung für Unternehmen

Ohnehin ist die Vereinbarkeit von Familie und Beruf ein wichtiges Ziel der Ems-Achse. Die Frauen-Erwerbsquote ist (wie in vielen ländlichen Regionen) eher unterdurchschnittlich. Durch den Ausbau der regulären Kinderbetreuung durch die Kommunen und private Anbieter, Mehrwerte wie die Kinder-Notfall-Betreuung und viele weitere Aktivitäten sind Fortschritte zu sehen. Die Zahl der Teilzeitstellen hat sich in nicht einmal zehn Jahren nahezu verdoppelt – von 43.600 auf 87.000. Die Arbeitgeber in der

Region haben es verstanden, das Potenzial der Frauen, die sich häufig eine Teilzeit-Beschäftigung wünschen, abzurufen und zu fördern.

Die positive Entwicklung am Arbeitsmarkt hat inzwischen dazu geführt, dass Unternehmen immer offener für neue Zielgruppen werden. Dazu zählen Geflüchtete ebenso wie Menschen mit besonderem Förderbedarf. Häufig bestehen aber noch Unsicherheiten über rechtliche und inhaltliche Fragen. Die Ems-Achse versucht bei der Beratung insbesondere von kleinen und mittleren Unternehmen immer wieder den Netzwerkgedanken zu leben. Die Weitergabe von Anfragen und Informationen erfolgt in enger Abstimmung mit anderen relevanten Akteuren: Industrie- und Handelskammern, Handwerkskammern, Agenturen für Arbeit, Jobcenter, Bildungsträgern, Initiativen wie das IQ-Netzwerk usw. Die Unternehmen sollen so fit gemacht werden für die aktuellen Herausforderungen.

Dazu zählt auch die Frage der Arbeitgeber-Attraktivität. Mit der Einführung des o.g. Portals können Arbeitgeber erstmals aus einer Vielzahl von Möglichkeiten ihre Aspekte ankreuzen oder eigene Punkte hinzufügen, was sie besonders attraktiv macht. Bemerkenswert ist dabei, dass besonders die kleinen und mittleren Unternehmen sich häufig nicht bewusst sind, welche Mehrwerte sie bieten. Beispielhaft ist der kostenfreie Parkplatz, der für die meisten Betriebe selbstverständlich ist – als Lockmittel von Fachkräften aus Metropolen aber nicht unterschätzt werden darf. Ein Blick auf zahlreiche Stellenanzeigen zeigt, dass die Liste der geforderten Punkte unter „Ihr Profil" und „Wir suchen" in der Regel viel länger ist als die „Wir bieten"-Aufzählung. Das zeigt zum einen, dass der Wandel auf dem Arbeitsmarkt von vielen Betrieben überhaupt noch nicht verstanden wurde, und zum anderen eben die fehlende Erkenntnis über das, was insbesondere familiengeführte Unternehmen wirklich „zu bieten" haben.

Das Team der Ems-Achse versucht, über Veranstaltungen und ständige Betriebsbesuche das Bewusstsein dafür zu schärfen. Sehr erfolgreich funktioniert dabei die Weitergabe von positiven Beispielen aus anderen Betrieben. Am besten überzeugt man den Inhaber eines Handwerksbetriebes mit dem Beispiel aus einem anderen Handwerksunternehmen und nicht mit dem eines industriellen Großbetriebes. Und es lohnt sich, ganz individuell zu schauen, welche Möglichkeiten jeweils gegeben sind. Für die Gewinnung und Bindung von Fachkräften ist es enorm wichtig, die einzelnen Unternehmen mitzunehmen. Was bringt es der Region, wenn spannende Arbeits- und Fachkräfte mit Familie für einen Umzug nach Ostfriesland, ins Emsland oder in die Grafschaft Bentheim begeistert wurden – und die einzelnen Betriebe dann nicht die Chance ergreifen und die neue Mitarbeiterin oder den neuen Mitarbeiter an sich binden.

Am Ende ist somit jeder einzelne Betrieb für den Erfolg der Region mitverantwortlich. Die Ems-Achse versucht mit einer Vielzahl von Aktivitäten ihren Beitrag zu leisten. Das Motto lautet dabei: „Die Flut im Hafen hebt alle Schiffe!" Durch die gemeinsamen Anstrengungen profitieren alle – früher oder später.

Heinz Müller, Thorsten Drescher

Die Kinder- und Jugendhilfe im ländlichen Raum – Chancen, Herausforderungen und Perspektiven

Die Lebensverhältnisse in der Bundesrepublik werden ungleicher – nicht nur zwischen Stadt und Land, auch zwischen Ost und West, zwischen prosperierenden und schrumpfenden Regionen. Die Kinder- und Jugendhilfe steht vor der Herausforderung, auf diese Entwicklung zu reagieren, um jungen Menschen und Familien bedarfsgerechte Leistungen anzubieten und ihre gesellschaftliche Teilhabe zu verbessern. Gerade im ländlichen Raum zeigen sich spezifische Herausforderungen, die mit den bisherigen Konzepten und Methoden nicht lösbar scheinen. Es braucht daher eine Kinder- und Jugendhilfe im ländlichen Raum, die als zentraler Bestandteil der öffentlichen Daseinsvorsorge Eingang in die kommunale Planung findet.

Die Kinder- und Jugendhilfe ist mit ihrem breiten Leistungsspektrum ein Kernstück der sozialen Daseinsvorsorge für junge Menschen und Familien. Ihr Auftrag ist es, Benachteiligungen abzubauen bzw. zu verhindern und positive Lebensbedingungen für junge Menschen und Familien zu schaffen. Sie hat außerdem die Aufgabe, junge Menschen in ihrer Entwicklung zu eigenverantwortlichen und gemeinschaftsfähigen Personen zu fördern sowie Eltern bei der Ausübung ihrer Erziehungspflicht zu unterstützen (§ 1 Achtes Buch Sozialgesetzbuch [SGB VIII]). Ihr Leistungsspektrum reicht über die Bereitstellung von Regelangeboten für alle Kinder bis zu Interventionen im Kinderschutz.

Das Wirken der Kinder- und Jugendhilfe ist in gesellschaftliche Kontexte und Entwicklungen eingebettet, die nur bedingt von ihr beeinflusst werden können. Ihre Entstehungsgeschichte spielt sich im Wesentlichen im urbanen, industrialisierten und durch prekäre Lebensverhältnisse geprägten Armen- und Arbeitermilieus ab (vgl. Müller 2001). Bis heute werden Struktur- und Konzeptfragen mehr oder weniger explizit vor dem Hintergrund sozialstruktureller Rahmungen von urbanen Räumen diskutiert. Die Bearbeitung der Folgen gesellschaftlicher Modernisierung gilt als Leitkategorie für die Weiterentwicklung der Kinder- und Jugendhilfe (vgl. Rauschenbach/Gängler 1992). Obwohl das Konzept der Lebensweltorientierung von Hans Thiersch (1992), auf dem das politisch und praktisch handlungsleitende Paradigma der „Sozialraumorientierung" basiert, auf den Alltag und die subjektiven Bewältigungsformen von sozialen Problemen theoretisch und konzeptionell rekurriert, verbergen sich dahinter weitgehend Vorstellungen von städtischen Lebensräumen. So verwundert es nicht, dass im Handbuch Kinder- und Jugendhilfe (vgl. Schröer u.a. 2016) unter dem Begriff „Sozialraum" ausschließlich städtische Räume gefasst werden (vgl. Reutlinger 2016, 226). Der ländliche Raum bleibt oft eine „Restkategorie": Land ist, was nicht Stadt ist (vgl. Born/Steinführer

2018, 18). Dennoch – oder vielleicht gerade deshalb – ist es wichtig, dass sich die Kinder- und Jugendhilfe mit den spezifischen Anforderungen des ländlichen Raumes beschäftigt und entsprechende fachlich-konzeptionelle Antworten entwickelt.

Raum und Jugendhilfe

Der Raumbezug ist konstitutiv für die Kinder- und Jugendhilfe. Raum und Zeit sind die Koordinaten der Lebensverhältnisse, an die Bildung, Betreuung, Beratung und Hilfe zur Lebensbewältigung anschließen (vgl. Hamburger 2003). Mit Michael Winkler (1988) formuliert, beginnt sozialpädagogisches Denken dort, wo überlegt wird, wie ein Ort beschaffen sein muss, damit ein Subjekt als Subjekt in ihm leben und sich entwickeln kann, sodass er vom Subjekt kontrolliert wird. Räume sind mehr als leere Behälter, in denen Interaktionen stattfinden. In Räumen begegnen sich Handlung und Struktur, in ihnen wird eine symbolische Ordnung hergestellt, Güter werden verteilt und soziale Ungleichheit (re-)produziert (vgl. Löw 2001). Der Alltag von jungen Menschen und Familien spielt sich in konkreten Räumen ab, die diese strukturieren und von ihnen strukturiert werden. Milieu- und/oder Szenezugehörigkeit wird in Räumen dargestellt und umgesetzt. Gelegenheitsstrukturen sind abhängig von räumlicher (Aus-)Gestaltung. In Räumen werden Gelegenheiten realisiert und Grenzen erfahren. Sie können geschlossen oder offen sein, bieten Öffentlichkeit oder Privatheit. Sie sind vielfältig und different. Räume bilden die Einbettung, in denen die Sozialpädagogik agiert. Verschiedene Dimensionen rahmen und strukturieren die Räume der sozialpädagogischen Interaktion. Kursorisch lassen sich hier die soziale Infrastruktur, Mobilität, Wohnsituation und -markt, Bildungs- und Gesundheitswesen, demografische Entwicklung, Sozialstruktur und soziale Netzwerke aufzählen. Die variierende Kombination der Formen und Ausprägungen dieser Dimensionen ist das, was die Unterschiedlichkeit der Kontexte von sozialpädagogischem Handeln ausmacht.

Heinz Müller
ist Geschäftsführer des Instituts für Sozialpädagogische Forschung Mainz gemeinnützige GmbH (ism). E-Mail: heinz.mueller@ism-mz.de

Thorsten Drescher
ist wissenschaftlicher Mitarbeiter des ism.
E-Mail: thorsten.drescher@ism-mz.de

Der theoretische Raumbezug der Kinder- und Jugendhilfe geht über „städtische" Räume hinaus. Umso mehr verwundert, dass bis heute das Thema Kinder- und Jugendhilfe in ländlichen Räumen weitgehend ausgeblendet wird. An der Aussage von Hans Gängler (1990), dass das „Land ein vergessenes und vernachlässigtes Gelände" darstelle, hat sich auch fast drei Jahrzehnte und einer ausgeprägten „Sozialraumdiskussion" später wenig verändert. Darauf macht auch das aktuelle Positionspapier der Arbeitsgemeinschaft für Kinder- und Jugendhilfe (AGJ 2019) aufmerksam.

Zum Begriff „ländlicher Raum"

Rund 90 % der Fläche der Bundesrepublik können als ländlicher Raum bezeichnet werden, und mehr als die Hälfte der Menschen wohnen in Dörfern, Gemeinden oder Städten auf dem Land (BMEL 2015). Allerdings ist der Begriff ländlicher Raum keineswegs so eindeutig, wie er scheinen mag. Es gibt keine allgemeingültige Definition, sondern vielmehr eine Reihe von Ansätzen, die sich hinsichtlich einer Vielzahl von Indikatoren zur Bevölkerungsdichte, Sozialstruktur, Mobilität, Flächennutzung etc. unterscheiden. Beispielsweise unterscheidet Küpper (2016) ländliche Räume in einer Typologie mit vier Kategorien entlang des Grades ihrer Ländlichkeit und ihrer sozioökonomischen Lage. Ländlichkeit operationalisiert der Autor über Siedlungsdichte, Anteil der land- und forstwirtschaftlichen Fläche, Anteil der Ein- und Zweifamilienhäuser, das regionale Bevölkerungspotenzial sowie die Erreichbarkeit großer Zentren. Darüber hinaus lassen sich eine Vielzahl Differenzierungs- und Kategorisierungsmöglichkeiten für die Unterschiedlichkeit ländlicher Räume finden, abhängig vom Erkenntnisinteresse und Verwendungszusammenhang (vgl. Born/Steinführer 2018).

Je nach Modell werden ländliche Räume als „Nachholer" gesellschaftlicher Modernisierung dargestellt. In anderen Modellen entsteht der Eindruck, als seien sie kategorial gänzlich verschieden von urbanen Räumen. Unterscheiden sich ländliche Räume nur zeitlich verzögert und in quantitativer Hinsicht von städtischen oder haben wir es hier mit gänzlich unterschiedlichen Raumtypen zu tun, die auch theoretisch wie praktisch von der Kinder- und Jugendhilfe anders behandelt werden müssen? Zugespitzt formuliert: Brauchen wir in den ländlichen Regionen eine andere Kinder- und Jugendhilfe aufgrund kategorial unterschiedlicher Lebenszusammenhänge?

Soziale Ungleichheit im Kontext ländlicher Räume

Je nach Definition lassen sich unterschiedliche Qualitäten des ländlichen Raums feststellen. In jüngerer Zeit wird der ländliche Raum häufiger als Sehnsuchtsort des guten Lebens romantisiert, mit dem Naturnähe, Ursprünglichkeit und eine sorgende Gemeinschaft verbunden werden (Neu 2016, 7). Doch der Blick der Ungleichheitsforschung auf den ländlichen Raum zeigt, dass die sozialen, ökonomischen und kulturellen Ungleichheiten zwischen diesen Räumen wachsen: „Ländliche Räume werden einander immer unähnlicher" (Vogel 2017, 21). Diese Erkenntnisse greift die von der Bundesregierung eingesetzte Kommission „Gleichwertige Lebensverhältnisse" in ihrem Abschlussbericht auf:

> „Einerseits gibt es prosperierende ländliche Regionen mit dynamischen Unternehmen, qualifizierten Arbeitsplätzen und bezahlbarem Wohnraum und hoher Lebensqualität. Andererseits gibt es solche mit gravierenden ökonomischen und sozialen Defiziten wie fehlenden Arbeitsplätzen sowie Leerstand und Funktionsverlusten der Ortskerne" (BMI 2019, 12).

Während ländliche Räume insbesondere in der Peripherie von Metropolen, Metropolregionen und Großstädten prosperieren, sind im Zuge des demografischen Wandels immer mehr ländliche Räume von Abwanderung und Alterung betroffen. Diese demografische Entwicklung wird zunehmend ein Ungleichheitsfaktor für Gemeinden und Dörfer, denn wenn in ländlichen Räumen die Gesamtbevölkerung schrumpft, ist häufig auch eine „De-Infrastrukturalisierung" (Kersten u.a. 2012) zu beobachten. Sie zeigt sich in dem Rückbau sozialstaatlicher und bildungspolitischer Leistungen (z.B. Schließungen von Schulstandorten und Polizeiwachen) sowie von Infrastrukturangeboten (z.B. Rückgang der Arztdichte und Öffentlicher Personennahverkehr [ÖPNV]). Hierdurch entsteht ein selbstreferenzieller Effekt: Junge Menschen und Familien suchen ihren Lebensmittelpunkt dort, wo es Arbeitsplätze und eine gute soziale und bildungspolitische Infrastruktur gibt. Die Regionen mit einer schrumpfenden und überalterten Bevölkerung werden auch für die Wirtschaft als Standort uninteressant. Durch den Abbau der Infrastruktur ziehen auch junge Familien trotz günstigerem Wohnraum nicht dorthin. Für die jungen Menschen und Familien in diesen „abgehängten" Regionen vergrößern sich die sozialen Ungleichheiten. Eine ungünstige Ausgangslage mit Blick auf gesellschaftliche Teilhabemöglichkeiten wird durch eine weniger ausgebaute soziale Infrastruktur noch verstärkt.

Vor dem Hintergrund, dass junge Menschen und Familien, die Hilfen zur Erziehung in Anspruch nehmen, besonders häufig von sozioökonomisch prekären Lebenslagen betroffen sind, zeigen sich die Auswirkungen der wachsenden sozialen Ungleichheit auf die Kinder- und Jugendhilfe (vgl. Arbeitsstelle Kinder- und Jugendhilfestatistik 2018). Ökonomisch prekäre Lebensverhältnisse von Familien können die Bedingungen für eine gelingende Erziehung, Sozialisation und Bildung nachhaltig beeinflussen. Diese müssen sich nicht zwangsläufig negativ auf kindliche Erfahrungszugänge und Entwicklung auswirken, das Risiko ist für diese jungen Menschen jedoch erhöht (Jurczyk/Klinkhardt 2014, 108). Entsprechend zeigt sich in Kommunen mit erhöhten Kinderarmutsgefährdungsquoten, dass der Bedarf an Hilfen zur Erziehung höher ausfällt als in anderen Kommunen (für Rheinland-Pfalz vgl. Binz 2019). Gleichzeitig sind die Angebote der Kinder- und Jugendhilfe ungleich verteilt: Die Kindertagesbetreuung weist zwischen den Kommunen in der Bundesrepublik hinsichtlich ihrer Betreuungszeiten, des Personalschlüssels, Elternbeiträgen und der Inanspruchnahme von Angeboten eine große Spannweite auf (vgl. BMI 2019). Die Bildungs- und Teilhabechancen junger Menschen und die Chancen der Eltern auf eine gelingende Vereinbarkeit von Beruf und Familie sind dadurch vom Wohnort und der jeweils vorhandenen Angebotsstruktur abhängig.

Die Kinder- und Jugendhilfe findet sich somit in der paradoxen Situation wieder, dass sie die Folgen sozialer Ungleichheit bearbeitet, gleichzeitig aber soziale Ungleichheit durch ihre Angebote erzeugt.

Die zunehmende strukturelle Aufspaltung der Lebensverhältnisse in prosperierende und periphere Regionen trifft nicht nur ländliche Räume, aber diese in besonderer Weise: Die typischen Strukturprobleme der Kinder- und Jugendhilfe im ländlichen Raum werden dadurch weiter verstärkt.

Spezifische Anforderungen des ländlichen Raumes an die Kinder- und Jugendhilfe

Die Jugendhilfe im ländlichen Raum steht vor der Herausforderung, Zugänge für alle jungen Menschen sowie für besondere Zielgruppen zu den entsprechenden Angeboten und Hilfen zu sichern. Aufgrund größerer Distanzen und geringerer Siedlungsdichte verfügen nicht alle jungen Menschen und Familien über die gleichen Möglichkeiten, um Angebote der Kinder- und Jugendhilfe zu erreichen. Dies betrifft nicht nur Regelstrukturangebote, sondern auch die Distanz zwischen dem Durchführungsort einer Hilfe zur Erziehung und dem Wohnort der Familie. Lange Wege sind oft mit langen Wegezeiten verbunden und stellen somit eine Hürde für die Inanspruchnahme von Kinder- und Jugendhilfeleistungen dar. Ebenfalls sind aufgrund größerer Distanzen und fehlender Mobilitätsangebote häufig Orte der (anlasslosen) Begegnung und Kommunikation rar. Es fehlen Gelegenheiten zur Vergemeinschaftung, zum Aufbau eines sozialen Netzwerks und zur Entwicklung eines Zugehörigkeitsgefühls.

Die Kinder- und Jugendhilfe im ländlichen Raum ist heterogen aufgestellt und ebenso vielfältig wie die Rahmenbedingungen, innerhalb derer sie agiert. Dennoch lassen sich spezifische Anforderungen identifizieren, die der ländliche Raum an eine gelingende Kinder- und Jugendhilfe stellt. Neben Orten der Begegnung und Vergemeinschaftung brauchen junge Menschen Peergroups zur Entwicklung einer selbstständigen und gemeinschaftsfähigen Persönlichkeit. In diesen altershomogenen Gruppen entwickeln sie ihre Persönlichkeit weiter, erfahren Anerkennung und Zugehörigkeit, bauen Resilienz auf und erproben Eigenständigkeit. Die Ermöglichung und Förderung von Peergroups im ländlichen Raum sollte im Blick der Kinder- und Jugendhilfe sein, wenn aufgrund der infrastrukturellen Bedingungen diese wichtige Sozialisationsinstanz nicht gewährleistet ist.

In schrumpfenden ländlichen Kommunen wird die Infrastruktur häufig den geringeren Einwohnerzahlen angepasst, was oft bedeutet, dass der öffentliche Nahverkehr reduziert wird. Auf diesen sind allerdings insbesondere Jugendliche und junge Volljährige angewiesen, deren zunehmende Selbstständigkeit mit dem eigenständigen und selbstverantwortlichen Fortbewegen zusammenhängt. In der Folge entstehen „Verinselungen", ihre Freizeitgestaltung wird eingeschränkt und die Entstehung und der Erhalt von Peergroups werden erschwert.

Neben Begegnung, Vergemeinschaftung und Mobilität als spezifische Anforderungen des ländlichen Raums sind Lebensmodelle und Werteeinstellungen, die als selbstverständlich angenommen werden, Gegenstand sozialpädagogischer Praxis. Dies kann Bildungsaspiration, Religiosität, Einstellung zu Familie und Geschlechtergerechtigkeit u.Ä. betreffen. Dabei geht es nicht darum, welcher Lebensstil bzw. welche Einstellung „richtig" oder „falsch" ist, sondern vielmehr darum, auf die Bedarfe und Bedürfnisse ressourcen- und lebensweltorientiert zu reagieren, um passende Angebote und Hilfen zu schaffen. Die Reflexion der Normalitätskonstruktionen der Klient/innen ist immer Aufgabe sozialpädagogischer Praxis und sie gewinnt im ländlichen Raum noch weiter an Bedeutung.

Die Gestaltung von Übergängen ist eine weitere Herausforderung, die im ländlichen Raum Besonderheiten unterliegt. Durch die geringe Siedlungsdichte sind häufig die unterschiedlichen Orte, die für junge Menschen relevant sind, verstreut. Mit den Übergängen von der Kita zur Grundschule, zur weiterführenden Schule sowie zu Ausbildung/Studium ändern sich daher auch die räumlichen Bezugspunkte des Aufwachsens. Übergänge werden so vermehrt zu Umbrüchen bzw. Abbrüchen und damit zur Herausforderung für die Kinder- und Jugendhilfe.

Die Universität Göttingen und das Soziologische Forschungsinstitut (SOFI) e.V. entwickeln mit Blick auf den demografischen Wandel und die gestiegenen Flucht- und Migrationsbewegungen das „Soziale-Orte-Konzept", das den sozialen Zusammenhalt stärken soll (Neu/Nikolic 2018, 16 f.). Dieses Konzept ließe sich für die Kinder- und Jugendhilfe (nicht nur) in ländlichen Regionen nutzen. Aus ihm könnte man Konsequenzen ziehen, um im Kontext der Diskussion um gleichwertige Lebensverhältnisse in Deutschland strukturelle Maßnahmen für die Kinder- und Jugendhilfe als Infrastrukturangebot in Kommunen zu entwickeln.

Konsequenzen und Perspektiven für die Kinder- und Jugendhilfe

In der fachlichen und konzeptionellen Arbeit der kommunalen Jugendhilfe gewinnen Raum und Räumlichkeit hinsichtlich ihrer Ländlichkeit an Bedeutung. Auf der fachlichen Ebene stehen die Mitarbeitenden der kommunalen Sozialen Dienste vor der Herausforderung, die Besonderheiten und Ressourcen der Lebenswelten und im Sozialraum zu erkennen und zu nutzen. Auf der konzeptionellen Ebene müssen wegen der geringeren Siedlungsdichte und längeren Wege die Zugänge von jungen Menschen und Familien zu Angeboten gesichert, Übergänge gestaltet und gesellschaftliche Teilhabe ermöglicht werden.

> Durch die Besonderheiten des ländlichen Raumes und die damit verbundenen Herausforderungen braucht es neue Konzepte und Instrumente, die diesen Spezifika Rechnung tragen. Sie sollten den ländlichen Raum als eigenständige Dimension begreifen und angemessen antizipieren.

Die Kinder- und Jugendhilfe trägt mit ihren Leistungen dazu bei, gleichwertige Lebensverhältnisse zu schaffen, wobei sie gleichermaßen wahrnehmen und reflektieren muss, dass sie die Ungleichwertigkeit der Lebensverhältnisse (re-)produzieren kann. Es braucht daher eine kritische Bestandsaufnahme bestehender Kinder- und Jugendhilfeangebote, bei denen geprüft wird, ob alle jungen Menschen und Familien die gleichen Zugangsmöglichkeiten haben und, falls dem nicht so ist, wie diese geschaffen werden können, denn die Inanspruchnahme von Unterstützung oder Hilfe darf nicht vom Wohnort der jungen Menschen abhängen.

> Auf kommunaler Ebene ist eine integrierte Planung notwendig, die jenseits der sozialstaatlichen Versäulung agiert, die die Bedarfe und Bedürfnisse von jungen Menschen und Familien in den Blick nimmt und als Bestandteil von Raumordnungspolitik und Regionalentwicklung gedacht wird.

Die Verantwortung „für die Fläche" stellt ein Kernelement des Sozialstaates nach Artikel 20 Grundgesetz dar. Die Schaffung „gleichwertiger Lebensverhältnisse" gehört zu den zentralen Leitvorstellungen des Bundes und der Länder. Sie zielt auf die gleichmäßige Entwicklung der Teilräume besonders hinsichtlich Daseinsvorsorge, Einkommen und Arbeit. Landesverfassung und auch Landesplanungsgesetze beziehen sich darauf und verpflichten sich zu einer entsprechenden Strukturpolitik und Entwicklung ihres Landesgesetzes. Bund und Länder gewährleisten gleichwertige Lebensverhältnisse z.B. dadurch, dass sie den Aufgabenträger im Bereich der öffentlichen Daseinsvorsorge gesetzlich zur Vorhaltung einer Grundversorgung verpflichten. Aus dieser Grundverpflichtung wären entsprechende Konsequenzen für die Kinder- und Jugendhilfe und eine entsprechende Finanzausstattung der Kommunen abzuleiten. Die Kinder- und Jugendhilfe wird im Wesentlichen kommunal finanziert, wenn auch zunehmend Mittel über Bund und Länder für die Finanzierung des Kita-Ausbaus bereitgestellt werden.

> Vor allem schrumpfende Kommunen wie auch wirtschaftlich prekäre Regionen stehen vor dem Problem, dass bei sinkenden Kommunalfinanzen deutlich mehr Investitionen in die Kinder- und Jugendhilfe nötig wären, um den Teufelskreis von Überalterung und Abwanderung zu durchbrechen.

In dieser Hinsicht bietet die Kinder- und Jugendhilfe den Kommunen ein Handlungsfeld, in dem sie sozialpolitisch proaktiv handeln können. Kommunen, die von Abwanderung betroffen sind, können beispielsweise mit den Angeboten der Jugendarbeit das Aufwachsen von Kindern und Jugendlichen positiv gestalten und somit langfristig ihre Bleibe- bzw. Rückkehrperspektive erhöhen. Doch obwohl die Kinder- und Jugendhilfe in vielen Kommunen den größten Haushaltsposten bildet, ist eine proaktive Gestaltung der Familienfreundlichkeit nicht überall zu beobachten – was auch damit zu erklären ist, dass die Finanzausstattung der Kommunen deutlich variiert. Gerade finanziell belastete und wirtschaftlich schwache Kommunen haben einen erhöhten Bedarf an Leistungen der Kinder- und Jugendhilfe, weil sich vermehrt junge Menschen und Familien in prekären Lebenslagen befinden. Ländliche Räume, in denen es zudem Fortzug und Alterung gibt, sind von diesen Entwicklungen mehrfach stark betroffen. Doch gerade diese Kommunen haben geringere finanzielle Spielräume, um ausreichend und rechtzeitig die notwendigen Angebote bereitzustellen, um frühzeitig und präventiv zu wirken.

> Die aktuelle Finanzierungsstruktur der Kinder- und Jugendhilfe gehört deshalb auf den Prüfstand, um den kommunalen Jugendämtern Handlungsspielräume zu öffnen, die sie derzeit nicht haben.

Der ländliche Raum ist differenziert und vielschichtig, ebenso wie die kommunale Kinder- und Jugendhilfe. Im Kontext wachsender sozialer und räumlicher Ungleichheit steht die Kinder- und Jugendhilfe vor der Herausforderung, politisch wie fachlich Konzepte zu entwickeln, damit gelingendes Aufwachsen und die Chancen auf Teilhabe von jungen Menschen und Familien nicht vom Wohnort abhängen.

Literatur

AGJ – Arbeitsgemeinschaft für Kinder- und Jugendhilfe (2019): „Anders als Ihr denkt!" Ländliche Räume als Gestaltungsaufgabe für die Sozialen Dienste und erzieherischen Hilfen, https://www.agj.de/artikel/na/detail/News/positionspapier-anders-als-ihr-denkt-laendliche-raeume-als-gestaltungsaufgabe-fuer-die-sozialen-dien.html (15. September 2019).

Arbeitsstelle Kinder- und Jugendhilfestatistik (Hrsg.) (2018): Monitor Hilfen zur Erziehung 2018, Dortmund.

Binz, C. (2019): Kinderarmut aus dem Blickwinkel der Kinder- und Jugendhilfe, in: ism kompakt 1/2019, https://www.ism-mz.de/fileadmin/uploads/ism_kompakt/ism_kompakt_01_2019.pdf (16. August 2019).

BMEL – Bundesministerium für Ernährung und Landwirtschaft (2015): Willkommen im ländlichen Raum, http://multimedia.gsb.bund.de/BMEL/LRgrafiken/media/karte_0/BMEL_LR_Infokarte_LaendlicheRaeume.pdf (16. August 2019).

BMI – Bundesministerium des Inneren, für Bau und Heimat (Hrsg.) (2019): Unser Plan für Deutschland. Gleichwertige Lebensverhältnisse überall, Berlin, https://www.bmi.bund.de/SharedDocs/downloads/DE/veroeffentlichungen/themen/heimat-integration/gleichwertige-lebensverhaeltnisse/schlussfolgerungen-kom-gl.pdf?__blob=publicationFile&v=4 (16. August 2019).

Born, K./Steinführer, A. (2018): Ländliche Räume: Definitionsprobleme, Herausforderungen und gesellschaftlicher Wandel, in: Stein, M./Scherak, L. (Hrsg.): Kompendium Jugend im ländlichen Raum, Bad Heilbrunn, S. 17–44.

Bundeszentrale für politische Bildung (2018): Datenreport 2018. Ein Sozialbericht für die Bundesrepublik Deutschland, Bonn.

Gängler, H. (1990): Soziale Arbeit auf dem Lande. Vergessene Lebensräume im Modernisierungsprozess, Weinheim/München.

Hamburger, F. (2003): Einführung in die Sozialpädagogik, Stuttgart.

Jurczyk, K./Klinkhardt, J. (2014): Vater, Mutter, Kind. Acht Trends in Familien, die Politik kennen sollte, Gütersloh.

Kersten, J./Neu, C./Vogel, B. (2012): Demographie und Demokratie. Zur Politisierung des Wohlfahrtsstaates, Hamburg.

Küpper, P. (2016): Abgrenzung und Typisierung ländlicher Räume, Thünen Working Paper 68, Braunschweig, http://literatur.thuenen.de/digbib_extern/dn057783.pdf (22. Juli 2019).

Küpper, P./Peters, J. C. (2019): Entwicklung regionaler Disparitäten hinsichtlich Wirtschaftskraft, sozialer Lage sowie Daseinsvorsorge und Infrastruktur in Deutschland und seinen ländlichen Räumen, Thünen Report 66, Braunschweig, https://literatur.thuenen.de/digbib_extern/dn059145.pdf (16. August 2019).

Löw, M. (2001): Raumsoziologie, Frankfurt a.M.

Müller, C. (2001): Helfen und Erziehen. Soziale Arbeit im 20. Jahrhundert, Weinheim/Basel.

Neu, C. (2016): Neue Ländlichkeit. Eine kritische Betrachtung, in: Aus Politik und Zeitgeschichte, 46–47/2016, S. 4–9, https://www.bpb.de/shop/zeitschriften/apuz/236845/land-und-laendlichkeit (16. August 2019).

Neu, C./Nikolic, L. (2018): Agieren statt reagieren mit „Sozialen Orten", in: LandInForm 1/2018, S.16f.

Rauschenbach, T./Gängler, H. (Hrsg.) (1992): Soziale Arbeit und Erziehung in der Risikogesellschaft, München.

Reutlinger, C. (2016): Sozialraum, in: Schröer, W./Struck, N./Wolff, M. (Hrsg.): Handbuch Kinder- und Jugendhilfe, Weinheim/Basel, S. 226–244.

Schröer, W./Struck, N./Wolff, M. (Hrsg.) (2016): Handbuch Kinder- und Jugendhilfe, Weinheim/Basel.

Thiersch, H. (1992): Lebensweltorientierte soziale Arbeit, Weinheim/München.

Vogel, B. (2017): Wie geht es weiter in Dorf und Kleinstadt? Demografische Provokationen und neue Konflikte um Daseinsvorsorge, in: Georgia Augusta. Wissenschaftsmagazin der Georg-August-Universität Göttingen, S. 16–27, https://www.uni-goettingen.de/downloads/Forschungsmagazin_2017_Web.pdf (16. August 2019).

Winkler, M. (1988): Eine Theorie der Sozialpädagogik, Stuttgart.

Matthias Sammet

Die Schlüsselfunktionen der Landjugendarbeit

Teilhabe hängt eng mit der Daseinsvorsorge und Infrastruktur der jeweiligen Region zusammen. In den ländlichen Räumen sind die Gegebenheiten anders als im urbanen Kontext. Daher können Ansätze der Jugendhilfe und Jugendarbeit, die in Ballungsräumen funktionieren, nicht einfach aufs Land übertragen werden. Mit den Erfahrungen aus dem bundesweiten Beteiligungsprojekt #landgemacht entwickelt der Bund der Deutschen Landjugend (BDL) Thesen und Forderungen zu Teilhabe und Gleichwertigkeit von Lebensverhältnissen junger Menschen in den ländlichen Räumen.

„Landjugend kann man nicht beschreiben, Landjugend muss man erleben" – ein oft zitierter Satz, der analog auch für die Jugendverbandsarbeit in den ländlichen Räumen, wie sie von den Landjugendverbänden betrieben wird, gilt. Landjugendverbandsarbeit ist Teil der Jugendhilfe im Feld der Jugendarbeit und trägt als dauerhaftes, präventives Angebot zur Ausgestaltung und Verbesserung der sozialen Infrastruktur bei. Sie orientiert sich an den Bedürfnissen und Interessen junger Menschen und gestaltet Lebens- und Bleibeperspektiven aus sozialräumlicher Sicht. In diesem Artikel soll diese eher abstrakte Einordnung differenziert und konkretisiert werden. Dass dabei die praktischen Implikationen für einen Jugendverband Priorität haben, ergibt sich bereits aus dem Ansatz der Bedürfnisorientierung. Generell soll aufgezeigt werden, dass sich Stadt und Land nicht nur räumlich, sondern auch sozialräumlich unterscheiden und damit andere methodische und didaktische Zugänge im Feld der Jugendhilfe benötigen. Diese Selbstverständlichkeit wird betont, da nur allzu häufig eine vereinfachte Übertragung von Milieuansätzen und Feldforschung auf die Regionalplanung und -entwicklung vorgenommen wird – wie jüngst in den Debatten um gleichwertige Lebensverhältnisse. Maßnahmen und Entscheidungen, die auf dieser fälschlichen Annahme beruhen, können nicht nachhaltig erfolgreich sein.

Matthias Sammet, Dipl.-Sozialarbeiter, ist Geschäftsführer des Bundes der Deutschen Landjugend (BDL) e.V., Berlin. E-Mail: m.sammet@landjugend.de

Zu Beginn werden die Kristallisationspunkte beschrieben, zu denen die unterschiedlichen Teilhabemöglichkeiten und -bedingungen, aber auch die Veränderung und Erosion von Gelegenheits- und subjektiven Chancenstrukturen speziell in strukturschwachen ländlichen Gebieten gehören. Anhand praktischer Projektbeispiele und -erfahrungen wird dargestellt, wie der Bund der Deutschen Landjugend (BDL) vor diesem Szenario seine Ziele und daraus folgende Handlungen ausrichtet. Aus jugendverbandlicher Sicht werden schließlich Thesen und Forderungen zur Teilhabe und Gleichwertigkeit von Lebensverhältnissen junger Menschen in den ländlichen Räumen abgeleitet.

Unterschiedliche Teilhabemöglichkeiten in Stadt und Land

Die strukturellen Teilhabemöglichkeiten und -bedingungen zwischen Stadt und Land sind z.T. höchst unterschiedlich. Zu den für die Lebensqualität junger Menschen wichtigen Faktoren gehören z.B. Mobilität, digitale Versorgung, die Dichte an kulturellen, sozialen und kommerziellen Angeboten sowie die Vielfalt an Bildungs- und Ausbildungsmöglichkeiten. Diese Aspekte beeinflussen nicht nur die Freizeitgestaltungsmöglichkeiten junger Menschen, sondern auch ihre Bewertung derselben. Entfernungen und digitale Versorgung sowie die Dichte psychosozialer Angebote entscheiden darüber, ob Jugendhilfe- und Jugendarbeitsstrategien aufgehen oder auch nicht – und zwar unabhängig von deren Qualität.

Das funktionierende Quartiersmanagement aus dem städtischen Kiez scheitert auf dem Land vielfach bereits an der Missachtung einer dieser Faktoren. Der Hinweis, dass die Angebote in ländlichen Regionen auch virtuell unterbreitet werden könnten, trägt an dieser Stelle nicht. Denn wer in den ländlichen Räumen Jugendhilfe, speziell Jugendarbeit betreiben möchte, benötigt Kenntnisse der regionalen Entwicklungspfade, der ländlichen Gelegenheitsstrukturen und lokalen Ressourcen. Die Interessen und Bedürfnisse von Peergroups sind zwar identisch mit denen aus städtischen Gebieten, ihre Bewegungsmuster und Einzugsgebiete sind jedoch höchst unterschiedlich.

> Teilhabe hängt eng mit der Daseinsvorsorge und Infrastruktur der Lebensverhältnisse zusammen. In den ländlichen Räumen ist sie anders als im urbanen Kontext.

Schieflage in strukturschwachen ländlichen Räumen

Der BDL spricht von einer Schieflage hinsichtlich der Gleichwertigkeit von Lebensverhältnissen in strukturschwachen ländlichen Räumen. Aus Sicht des Jugendverbandes verändert sich die Gleichwertigkeit der Chancen zwischen den Regionen in Deutschland für junge Menschen. Sie verschiebt sich zulasten derer, die in strukturschwachen ländlichen Räumen leben. Gemeint ist damit eine bewusste Ausdünnung von Bildungsstrukturen durch Konzentrationsprozesse, die Abnahme von Ausbildungsplätzen, der Strukturwandel in Handwerk und Landwirtschaft, Veränderungsprozesse aufgrund demografischer Entwicklungen, die Abnahme bzw. Veränderung von Freizeitgestaltungsmöglichkeiten. Nicht nur einmal wurden ökonomische Gründe angeführt, um zu begründen, warum es notwendig sei, einzelne Dörfer oder ländliche Regionen nicht mehr zu versorgen, sie also wie eine wenig profitable Unternehmensfiliale aufzugeben und zu schließen. Flankiert werden diese Argumentationslinien häufig von abnehmender Förderung oder Umwidmung von Förderstrukturen.

Gut gemeint ist beispielsweise die Einführung von Mehrgenerationenhäusern durch das Bundesministerium für Familie, Senioren, Frauen und Jugend (BMFSFJ). Übersehen wurde dabei, dass neben der Verquickung von gänzlich unterschiedlichen Konzepten der Raumaneignung (Jugend vs. Senioren) und höchst unterschiedlichen Bedürfnis- und Interessenlagen, die hier aufeinanderprallen, nicht selten eine Kolonialisierung realer und sozialer Jugendräume zu Ungunsten der jungen Menschen stattfindet. Die zunehmende Anzahl an Personen der älteren Generationen (und der damit einhergehende steigende Raumbedarf) gegenüber der Anzahl an Jugendlichen in ländlichen Regionen verschärft dieses Ungleichgewicht. Im städtischen Kontext können solche Verluste an Jugendraum und -anzahl eventuell kompensiert werden, im ländlichen Raum ist das eher unwahrscheinlich.

> Abnehmende Teilhabemöglichkeiten – bedingt durch strukturelle Veränderungen und die Abnahme der Gleichwertigkeit von Chancen – führen zu einer Schieflage bezüglich der Gleichwertigkeit von Lebensverhältnissen junger Menschen in den ländlichen Räumen.

Ziele und Handlungen des BDL

Die Zielsetzung des BDL ist es, für junge Menschen Lebens- und Bleibeperspektiven in den ländlichen Räumen zu schaffen und zu erhalten. Anders ausgedrückt, setzt sich der BDL für gleichwertige Lebensverhältnisse und Chancen für junge Menschen in den ländlichen Räumen ein. Er tut dies, indem er

a) parteiliche Politik für junge Menschen und für die Entwicklung ländlicher Räume macht,

b) Landjugendarbeit und -angebote auf Bundes-, Landes- und regionaler Ebene fachlich und strukturell ausrichtet und

c) verbandlich- und regionenübergreifende und gemeinwesenaktivierende Angebote bundesweit initiiert.[1]

Praktisch folgt der BDL der These, dass die Aktivierung und Vernetzung von Gemeinwesen, z.B. im Dorf oder der Kleinstadt, dazu beitragen, Freizeitgestaltungsmöglichkeiten und damit auch die Gleichwertigkeit von Lebensverhältnissen für junge Menschen zu verbessern. Am Beispiel des übergreifenden, bundesweiten Projektes #landgemacht soll

---
1 Zur Veranschaulichung siehe z.B. die Pressearbeit des BDL und seiner Landesverbände unter www.landjugend.de.

im Folgenden aufgezeigt werden, wie der BDL Politik, Theorie und Praxis in Form eines Aktivierungsprojektes verbindet. Projekte wie #landgemacht führt der BDL regelmäßig (im Abstand von zwei bis vier Jahren) durch.

Die Ziele des Gesamtverbandsprojekts #landgemacht lauten: Zukunftsfähigkeit und Kulturoffenheit fördern, Familienfreundlichkeit und Traditionsverbundenheit leben, Innovationskraft und Gründergeist stärken, Lebens- und Bleibeperspektiven für junge Menschen erhalten. Um Projektideen bis auf die Ortsebene kommunizieren zu können, brauchen Verbände einen entsprechenden zeitlichen Vorlauf, denn die praktische Umsetzung findet vor allem auf lokaler Ebene statt. Daher initiierte der BDL-Bundesvorstand im Jahr 2017 einen Workshop, bei dem durch Delegierte der Landesverbände die Ziele, Botschaft, das Motto und die Projektumsetzung erarbeitet wurden. Die Bundesmitgliederversammlung beschloss Projektidee, Motto und Zeitplanung. Diese teilhabeorientierte Erarbeitung und demokratische Legitimation ist für das Gelingen des Gemeinschaftsprojekts von hoher Bedeutung. Dank der Unterstützung und Motivation, Begeisterung und Eigeninitiative der Ehrenamtlichen auf Bundes-, Landes-, Kreis-, Bezirks- und Ortsebene realisierten republikweit über 700 Gruppen in ihrer jeweiligen Region ein gemeinnütziges Projekt.

Konkret leisteten Landjugendliche zusammen mit Kooperationspartnern aus dem Ort und der Region beispielsweise in Bahlingen ehrenamtliche Arbeit, um den Dorfanger instand zu setzen und einen Sitzplatz mit Grillecke einzurichten. In Mittelfranken sammelten Landjugendliche per Fahrradkilometer Spenden u.a. für den Bäuerlichen Hilfsdienst. Mit selbstgebauten Insektenhotels informierte die Westfälisch-Lippische Landjugend über Artenvielfalt in ländlichen Regionen, fand Kooperationspartner/innen, bei denen die Insektenhotels aufgestellt wurden, und organisierte zugleich Gespräche mit Politiker/innen, um die gesellschaftliche Diskussion über nachhaltige Landwirtschaft und Insektenpopulationen fachlich zu begleiten.

Die Beispiele machen die Vielfalt der eigeninitiierten und von den jungen Ehrenamtlichen selbst umgesetzten Projekte deutlich. Die Ideen setzen auf den jeweiligen Strukturen, gesellschaftlichen Themen und Rahmenbedingungen vor Ort auf. Landjugendarbeit verknüpft verschiedene Stakeholder der Region miteinander und schafft so „nebenbei" Orte bzw. Zeiträume der Begegnung – zwischen Generationen, Interessengruppen, Politik, Bürger/innen und verschiedenen Organisationen. Landjugend bietet immer wieder Anlass, das Gemeinschaftsgefühl der Region zu erleben. Auf diesem Nährboden kann Gemeinwesen- und Demokratiearbeit aufbauen.

Die konkreten Projekte in den Regionen wurden mit einheitlichen Materialien, Textbausteinen und Pressearbeit unterstützt, um in der Gesamtwirkung mediale Aufmerksamkeit und damit Breitenwirkung über die jeweilige Gemeinde hinweg zu entfalten. In den sozialen Medien und den Printmedien auf lokaler und Landesebene ist dies gut gelungen.

Im Ergebnis kamen bundesweit weit über eine Million Stunden ehrenamtlicher Arbeit zusammen – zusätzlich zum normalen Verbandsalltag. Würde als Stundenlohn der gesetzliche Mindestlohn herangezogen, hätte #landgemacht mehr als 10 Millionen Euro erarbeitet. Die über 700 Einzelaktionen bundesweit sind ein Beitrag für unsere Gesellschaft, für unsere Gemeinschaft. Sie sind gelebte Demokratie. Denn Demokratie fängt bei jedem selbst an.

Unsere Gesellschaft ist darauf angewiesen, dass sich ihre Bürger/innen einbringen. Dieses Vertrauen in die eigene Kraft macht den Unterschied, mit der die Landjugend die Gemeinschaft vor Ort stärkt und ländliche Räume belebt.

Thesen und Forderungen aus jugendverbandlicher Perspektive

Aufgrund der Ergebnisse des Projektes #landgemacht, dessen Kernzeit im Mai 2019 lag, aber auch seiner fachpolitischen Einschätzung fordert der BDL hinsichtlich Teilhabe und Gleichwertigkeit von Lebensverhältnissen in den ländlichen Räumen:

Einbindung einer differenzierten Ressourcenanalyse strukturschwacher Regionen in den Gesamtprozess zur Sicherung gleichwertiger Lebensverhältnisse

Der BDL hält es für wichtig, den Gesamtprozess und die Einzelprozesse zur Herstellung von gleichwertigen Lebensverhältnissen auf grundlegende Analysen über Ressourcen- und Problemlagenfeststellung zu stützen. Dabei rät der BDL, strukturschwache urbane/ städtische Regionen und strukturschwache ländliche Regionen grundsätzlich zu differenzieren. Weiterhin empfiehlt der BDL, nach Grundsatzfaktoren wie sozioökomisch, sozialräumlich (Quartier, Region, Stadt, Dorf etc.), infrastrukturell, subjektorientiert, kulturell und teilhabeorientiert zu unterscheiden. Ziel dabei ist es, anhand einer Bedarfsfeststellung Sollgrößen für eine Entwicklungs- und Politikplanung zu erhalten, die im weiteren Prozess wie auch bei der Weiterentwicklung der Finanzbeziehungen im Hinblick auf Wirkungen und Resonanzen überprüft werden können.

Daseinsvorsorge als strukturelles Entwicklungskonzept

Welche Bereiche in den Katalog der Daseinsvorsorge einbezogen werden, wird für das Gelingen des Prozesses für gleichwertige Lebensverhältnisse im Sinne spürbarer Veränderungen grundlegend sein. Entscheidend wird sein, inwieweit es im vorliegenden Prozess gelingt, vorausschauend Entwicklungen einzuleiten, die ggf. auch erst in langen Zeiträumen (>10 Jahre) Wirkung zeigen. Dazu müssen ggf. auch Umkehrungen von Prozessen, die bislang als richtig erachtet wurden, vorgenommen werden. Für die ländlichen Räume hält es der BDL für wichtig, dass u.a. folgende Aspekte zur Daseinsvorsorge zählen: Digitalisierung/Breitbandversorgung, Mobilität, Standorte schulischer Bildung, Gesundheitsversorgung sowie soziale Infrastruktur.

Teilhabe und Beteiligung als Erfolgsfaktoren

Die Teilhabemöglichkeiten und -perspektiven sowie die Beteiligung insbesondere junger Menschen haben im Rahmen einer Politik für gleichwertige Lebensverhältnisse eine herausgehobene Funktion. Beteiligung stellt die Klammer für die Umsetzung und für die Erarbeitung der gesamten politischen Strategie zur Realisierung der Gleichwertigkeit von Lebensverhältnissen dar. Sowohl bei der strategischen Erarbeitung als auch in der Umsetzung von Gleichwertigkeit von Lebensverhältnissen ist die Jugend bzw. sind deren mandatierte Vertreter/innen zu beteiligen. Darüber hinaus ist zu überprüfen, welche gesetzlichen Vorschriften zur Partizipation junger Menschen in den Bundes- und Landesgesetzen sowie den Kommunalordnungen vorliegen und inwiefern diese umgesetzt werden bzw. wo es ggf. Defizite in deren Umsetzung gibt.

Gleichwertigkeit aus Sicht von Lebens- und Bleibeperspektiven betrachten und definieren

Die Diskussion um Begrifflichkeiten wie gleichwertig oder gleichartig ist hinsichtlich des Prozesses nicht hilfreich. Der BDL schlägt vor, die Lebens- und Bleibeperspektiven (speziell bei ländlichen Räumen) der unterschiedlichen Lebenslagen in den Blick zu nehmen und ausgehend von diesen Bedürfnissen und Interessen den Prozess und die Ziele zu gestalten. Aus der Gesamtbetrachtung und Bewertung der Lebens- und Bleibeperspektiven, z.B. von jungen Menschen in ländlichen Räumen, zeigt sich, ob diese im Verhältnis zu denjenigen von jungen Menschen in urbanen Räumen gleichwertig sind.

Ehrenamtliches Engagement fördern

Ehrenamtliches Engagement macht unsere Regionen lebenswert, zeugt von Vitalität, fördert Zusammenhalt und regionale Entwicklung, sichert Kultur- und Freizeitangebote, bietet Rückhalt für Einzelne und verbindet Generationen. Um diese positiven Wirkungen für unsere freiheitlich-demokratische Grundordnung aufrechtzuerhalten und zu fördern, schlägt der BDL vor, in Regionen Engagementbeauftragte zu etablieren. Ausgestattet mit Regionalbudgets und verbunden mit bestehenden regionalen Planungsinstrumenten sollen sie vorhandene Potenziale und Strukturen unterstützen und fördern, Beratungs- und Qualifizierungsangebote entsprechend den Bedürfnissen und Interessen der unterschiedlichen Vereine, Verbände und Initiativen anbieten, Austausch und Vernetzung fördern, die Engagementlandschaft regelmäßig analysieren und die weitere Entwicklung voranbringen.

Schaffung grundlegender Weichenstellungen: Änderungen im Grundgesetz

Der BDL setzt sich für die Öffnung von Art. 104c Grundgesetz (GG; Erweiterung der Kooperation von Bund und Ländern) ein, um z.B. den Breitbandausbau oder das Bildungssystem im Bereich der Daseinsvorsorge verankern zu können und gleiche Lebens- und Bleibeperspektiven für Menschen zu schaffen. Außerdem empfiehlt der BDL die Erweiterung des Art. 91a GG, um die Entwicklung ländlicher Räume als Bestandteil der Gemeinschaftsaufgabe (GAK) aufzunehmen, ohne dass die bestehenden Aufgaben eingeschränkt werden. Der BDL ist für einen expliziten Erhalt und Aufbau der Förderung für die ländlichen Räume und gegen eine Einbeziehung und damit Kürzung der Förderung aus der Gemeinschaftsaufgabe Agrar- und Küstenschutz.

Fazit

Landjugendliche unterschätzen im ersten Moment oft die weitreichende Wirkung ihres Engagements. Fokussiert auf die Herausforderungen im Alltag und die praktische Umsetzung von Lösungsideen sind ihnen ihre Gemeinschaft stiftende Leistung und Sogwirkung in der Region selten bewusst. Gerade diese Selbstverständlichkeit gilt es zu fördern. Auf Vorstands- und Leitungsebene ist dem BDL die gesellschaftliche Relevanz der Demokratie- und Gemeinwesenarbeit des Verbandes klar. Der Jugendverband fördert entsprechend die Kompetenzen und Schlüsselqualifikationen seiner Mitglieder.

In strukturschwachen Regionen braucht es jedoch die finanzielle und ideelle Unterstützung von Legislative und Exekutive, um ehrenamtliches, auf der freiheitlich-demokratischen Grundordnung des Grundgesetzes beruhendes Engagement zu sichern. Dafür setzt sich der BDL im politischen Diskurs ein und bringt seine Expertise gern in den fachlichen und gesellschaftlichen Dialog ein.

Barbara Erjauz, Juliane Eichhorn

Die Entwicklung altersfreundlicher ländlicher Gemeinden: das Beispiel Mobilität

Die gezielte Entwicklung altersfreundlicher Gemeinden bietet eine zukunftsfähige Möglichkeit, den Herausforderungen des demografischen Wandels in ländlichen Gebieten zu begegnen. Der erste Schritt, um eine altersfreundliche Gemeinde erfolgreich entstehen zu lassen, ist die Erfassung der Ist-Situation, z.B. in Form von Sozialraumanalysen. Individuelle Probleme, Ressourcen und Chancen einer Gemeinde werden dabei identifiziert. Adäquate Interventionen können abgeleitet und nachhaltig umgesetzt werden. Am Beispiel der Thematik „Mobilität" soll dieses Konzept näher beleuchtet werden.

Herausforderungen infolge des demografischen Wandels betreffen insbesondere ländliche Gebiete. Der zunehmende Anteil der älteren Bevölkerung und die damit einhergehenden Herausforderungen sind seit Jahren Thema in Politik und Gesellschaft und damit verbunden die Auseinandersetzung mit altersgerechten Versorgungsstrukturen und dem steigenden Bedarf an spezifischen Gesundheitsangeboten sowie pflegerischen Leistungen. Vor dem Hintergrund des bevorstehenden bzw. aktuell schon zu verzeichnenden Fachkräftemangels und des sinkenden informellen Pflegepotenzials durch Angehörige sind ländliche Gemeinden noch viel stärker mit den Auswirkungen des demografischen Wandels konfrontiert als städtische Regionen (BMFSFJ 2017).

Trotz fehlender Angehöriger, welche derzeit immer noch als größter „Pflegedienst" in Deutschland zu sehen sind (Wetzstein u.a. 2015) sollte es älteren Menschen ermöglicht werden, im gewohnten Umfeld zu bleiben und ihre Altersselbstständigkeit zu stärken. Um langfristig eine adäquate Versorgung zu gewährleisten, gilt es, die Ressourcen dieser Bevölkerungsgruppe zu erkennen, frühzeitig zu fördern sowie Lücken und Mängel in den Versorgungsstrukturen zu eruieren und nachhaltig darauf zu reagieren. Eine erfolgreiche Möglichkeit, die Altersselbstständigkeit zu erhöhen, Isolation und Einsamkeit entgegenzuwirken sowie die Wünsche und Bedürfnisse älterer Menschen zu berücksichtigen, ist die Gestaltung altersfreundlicher Gemeinden. Aus diesem Grund beschäftigen sich seit vielen Jahren Flächenländer wie Kanada, aber auch die Weltgesundheitsorganisation (WHO) mit der Thematik und haben entsprechende Konzepte und Leitfäden für altersfreundliche Gemeinden entwickelt (WHO 2007; Federal/Provincial/Territorial Ministers Responsible for Seniors 2007).

Kernelemente einer altersfreundlichen Gemeinde

In einer altersfreundlichen Gemeinde sollen die Strukturen für ältere Bürgerinnen und Bürger so gestaltet sein, dass sie so lange wie möglich in ihrer gewohnten Umgebung verbleiben können und gleichermaßen ihre Altersselbstständigkeit gefördert wird. Hierbei finden entsprechend dem WHO-Modell acht Kernelemente Berücksichtigung (Abb. 1). Konkrete Beispiele hierfür sind:

- leicht begehbare Gehsteige, Wege und Pfade,
- Sitzbänke in regelmäßigen Abständen,
- Transportmittel/-möglichkeiten, die auf die Bedürfnisse älterer Menschen abgestimmt sind,
- Vorhandensein leistbarer, altersfreundlicher und generationsübergreifender Aktivitäten,
- Vorhandensein alternativer Wohnmöglichkeiten in der gewohnten Umgebung,
- Zugang zu sozialen, pflegerischen und medizinischen Dienstleistungen (WHO 2007; Federal/Provincial/Territorial Ministers Responsible for Seniors 2007).

Prof. Dr. rer. cur. Juliane Eichhorn
lehrt Pflegewissenschaft und klinische Pflege an der BTU Cottbus-Senftenberg. E-Mail: Juliane.Eichhorn@b-tu.de

Barbara Erjauz,
BSc., MSc. ist wiss. Mitarbeiterin im Fachgebiet Pflegewissenschaft und klinische Pflege an der BTU Cottbus-Senftenberg. E-Mail: barbara.erjauz@b-tu.de

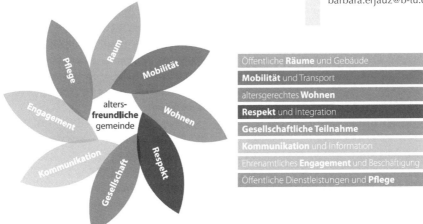

Abb. 1: Acht Kernelemente einer altersfreundlichen Gemeinde

Ansätze zur Gestaltung altersfreundlicher Gemeinden

Bei der Etablierung altersfreundlicher Gemeinden gilt es, unterschiedlichste Faktoren zu berücksichtigen. Neben der Heterogenität im Alter kommen regionale Disparitäten der Regionen und Gemeinden zum Tragen. Jede Gemeinde zeichnet sich durch unterschiedliche Ausgangslagen und Herausforderungen sowie Chancen und Risiken aus (BMFSFJ 2017). Der erste Schritt, um eine altersfreundliche Gemeinde erfolgreich entstehen zu lassen, ist daher die Erfassung der Ist-Situation, z.B. in Form von Sozialraumanalysen. Die individuellen Defizite und Ressourcen jeder Gemeinde können hierbei detailliert identifiziert und auf Basis dessen adäquate Interventionen abgeleitet werden.

Ausgangspunkt derartiger Analysen bildet die Anwendung wissenschaftlich geprüfter Erhebungsinstrumente/Fragebögen. Um einen Einblick zum Thema „Wie altersfreundlich ist Ihre Gemeinde?" in ausgewählten ländlichen Gemeinden Brandenburgs zu erhalten, wurde durch das Fachgebiet Pflegewissenschaft und klinische Pflege der Brandenburgischen Technischen Universität (BTU) Cottbus-Senftenberg zunächst ein entsprechender Fragebogen entwickelt und hinsichtlich ausgewählter psychometrischer Eigenschaften geprüft. Der entwickelte Fragebogen basiert auf dem kanadischen Leitfaden „Age-friendly and Remote Communities: A Guide" (Federal/Provincial/Territorial Ministers Responsible for Seniors 2007), dem Leitfadens der WHO „Global Age-friendly Cities: A Guide" (WHO 2007) und der entsprechenden deutschsprachigen Version der Fachstelle für Altern und Pflege im Quartier (FAPIQ, www.fapiq-brandenburg.de) sowie Anpassungen auf Basis einer durchgeführten Delphi-Studie. Die so entstandene Version wurde bezüglich ihrer Inhaltsvalidität geprüft. Die Inhaltsvalidität (S-CVI/Ave-Wert) (Ausserhofer u.a. 2012) für die gesamte Skala ergab 0,91.

Der Fragebogen kann somit als adäquates Instrument zur Überprüfung von Altersfreundlichkeit in ländlichen Gemeinden angesehen werden. Er ermöglicht eine neutrale Analyse der Stärken und Schwächen einer ländlichen Region. Für die Durchführung derartiger Sozialraumanalysen wie auch für alle weiteren Schritte ist jedoch eine aktive Beteiligung der Gemeindemitglieder notwendig. Das diesbezügliche Vorgehen soll im Folgenden am Beispiel ausgewählter Gemeinden in der Modellregion Elbe-Elster dargestellt werden (vgl. www.altersfreundliche-gemeinde.de).

Die Modellregion Elbe-Elster

Im Landkreis Elbe-Elster fanden in vier ländlichen Gemeinden Erhebungen zum Thema Altersfreundlichkeit statt. Die Ergebnisse ergaben einen ersten Einblick in die Stärken und Schwächen der jeweiligen Gemeinde (*Sozialraumanalyse*). Auf Basis dieser Erkenntnisse können in der sich anschließenden Planungsphase nachhaltige Maßnahmenpakete für die jeweilige Gemeinde entwickelt werden (*Planungsphase*). Diese Maßnahmenpakete werden unter aktiver Teilnahme der Gemeindemitglieder entsprechend der jeweils festgelegten Priorität umgesetzt (*Implementierungsphase*). Jede Gemeinde benötigt nach Erfahrung der Autorinnen eine Steuerungsgruppe, welche die Entwicklung einer altersfreundlichen Gemeinde über einen längeren Zeitraum begleitet.

Jedes Maßnahmenpaket durchläuft nach der Implementierungsphase eine Evaluation. Je nach Implementierungsstrategie kommen quantitative oder qualitative Evaluationsmethoden zum Einsatz, welche in Form von Befragungen mittels Fragebögen oder Interviews durchgeführt werden (*Evaluationsphase*).

Das Modellprojekt „Leben und Wohnen im Alter - Entwicklung altersfreundlicher ländlicher Gemeinden" stellt eine Kooperation zwischen dem Fachgebiet Pflegewissenschaft und klinischer Pflege der BTU und dem Landkreis Elbe-Elster dar. Es wird gefördert von den Verbänden der Pflegekassen und dem Landkreis Elbe-Elster mit einer Laufzeit von Oktober 2017 bis Oktober 2020. Derzeit befindet es sich in der Planungs- und Implementierungsphase, je nach Projektstand der jeweiligen Gemeinde. Eine Evaluation der Strategieansätze ist derzeit noch nicht erfolgt. Im Folgenden werden daher zunächst beispielhaft Auszüge aus den Ergebnissen der bisher durchgeführten Sozialraumanalysen vorgestellt und mögliche Strategieansätze exemplarisch für den Bereich Mobilität (Mobil bleiben) diskutiert.

Stärken und Schwächen ländlicher Gemeinden am Beispiel Mobilität und mögliche Lösungsstrategien

Die hier dargestellten Ergebnisse beziehen sich auf 458 ausgefüllte Fragebögen (Rücklaufquote 22,9 %). Diese stammen von Bürgerinnen und Bürgern aus den vier teilnehmenden Gemeinden des Landkreises Elbe-Elster. Die Mehrheit der Befragten war weiblich (70 %) und 61 % gehörten der für das Projekt relevanten Altersgruppe von über 65 Jahren an. Die Mehrheit (77,5 %) benötigte zum Zeitpunkt der Befragung laut eigenen Angaben keine Unterstützung bei alltäglichen Aktivitäten. Ein Viertel der Befragten (26 %) gab an, dass ihre körperliche Mobilität bereits beeinträchtigt ist und sie zur Unterstützung Rollstuhl, Rollator oder Gehhilfen nutzen. Über ein Viertel verfügte nicht über ein eigenes Auto und war daher auf öffentliche oder alternative Transportmittel angewiesen.

Abbildung 2 gibt einen Gesamtüberblick über die Hauptbereiche der Befragung. Sie lässt erkennen, dass die Mehrheit der Befragten die Bereiche *Öffentlicher Raum und Gebäude, Erreichbarkeit von Dienstleistungen, Mobilität und Transport* sowie *Wohnen bleiben* (altersgerechtes Wohnangebot) eher als „kaum altersfreundlich" oder „gar nicht altersfreundlich" wahrnehmen. Die Bereiche *Gesellschaftliche Teilnahme* (angebotene Veranstaltungen und Aktivitäten) und *Unterstützung erfahren* wurden dagegen deutlich positiver bewertet. Vor allem der Bereich *Unterstützung erfahren*, bei dem es um die soziale, pflegerische und medizinische Beratung und Betreuung geht, wurde von 60,5 % der Teilnehmenden mit „eher altersfreundlich" oder „sehr altersfreundlich" eingeschätzt. Der Bereich *Beteiligung und Kooperation* (Möglichkeiten zur Bürgerteilnahme, Freiwilligenarbeit, soziales Engagement) wurde tendenziell ausgeglichen bewertet.

Der gesamte Fragebogen „Wie altersfreundlich ist Ihre Gemeinde?" umfasst insgesamt 86 Items. Abbildung 3 zeigt die Mittelwerte (M) ausgewählter Items im Bereich *Mobil bleiben*. Der Bereich unterteilt sich in die drei Kategorien *Öffentlicher Raum und Gebäude, Erreichbarkeit von Dienstleistungen* sowie *Mobilität und Transport*.

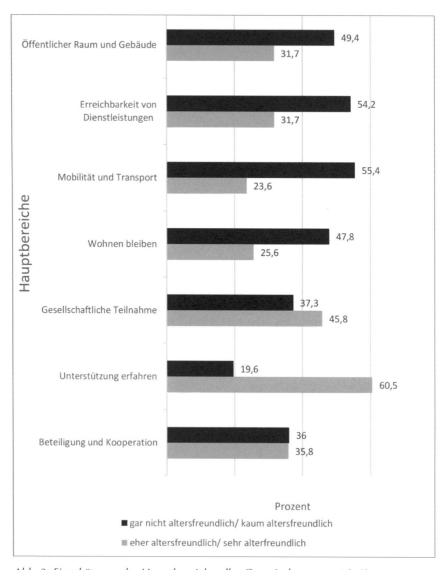

Abb. 2: *Einschätzung der Hauptbereiche aller Gemeinden, gesamt in %*

Die Entwicklung altersfreundlicher ländlicher Gemeinden

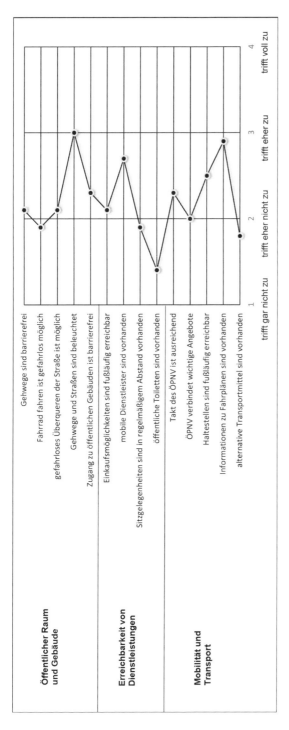

Abb. 3: Übersicht der Item-Bewertungen/Mittelwerte aller vier Gemeinden insgesamt

Ergebnisse im Bereich „Öffentlicher Raum und Gebäude"

Im Bereich *Öffentlicher Raum* stellen vor allem die Geh- und Fahrradwege sowie das gefahrlose Überqueren der Straße ein Problem dar. Diese Items erreichen im Durchschnitt einen Wert von 2,0, was der Antwortmöglichkeit „trifft eher nicht zu" entspricht. Ebenso liegt der Bereich *barrierefreier Zugang zu öffentlichen Gebäuden* (M=2,3) im Bereich „trifft eher nicht zu". Die Beleuchtung der Gehwege und Straßen wurde dagegen deutlich besser bewertet (M=3). Das gefahrlose Fahrradfahren wurde mit einem durchschnittlichen Wert von 1,9, Tendenz in Richtung „trifft gar nicht zu" in den Gemeinden am kritischsten bewertet.

Vor allem das in den 1990er-Jahren im Rahmen der Ortskernsanierung aufwendig verlegte Pflaster scheint mittlerweile in vielen ländlichen Gemeinden Brandenburgs ein Problem für ältere Menschen darzustellen. Auch sind Gehwege defekt und/oder nicht barrierefrei. Direkte Aussagen der Befragten waren z.B.: „Kopfsteinpflaster schlecht", „Bürgersteige mit Kanten und Stolperfallen", „Gehwege teilweise Pflaster kaputt und holprig! Mit Rollstuhl nicht befahrbar." Eine Nutzung der teilweise defekten und unzumutbaren Gehwege mit Hilfsmitteln wie Rollator oder Rollstuhl ist für ältere Bürgerinnen und Bürger dadurch massiv erschwert. Da eine gesamte Erneuerung der Stadtkerne nicht möglich ist, müssen alternative Möglichkeiten gefunden werden und zumindest gravierende Barrieren in hochfrequentierten Gebieten angepasst werden. Hinzu kommt, dass aufgrund der nicht vorhandenen Fahrradwege Radfahrer/innen aus Sicherheitsgründen auf die Gehwege ausweichen, was eine zusätzliche Belastung für Fußgänger/innen darstellt. Aussagen der Befragten waren: „im Ort keine Radwege, Gehwege werden genutzt", „zu viele Fahrradfahrer auf Fußweg", „gefahrloses Fahrradfahren nicht von den Dörfern aus möglich", „ein Fahrradweg wäre ein Traum!"

Strategieansätze im Bereich „Öffentlicher Raum und Gebäude"

Aufgrund dieser Ausgangslage fanden mit pflegewissenschaftlicher Unterstützung strukturierte Ortsbegehungen in einer der teilnehmenden Gemeinden statt. Hierfür kam ein spezifisches Begehungsinstrument basierend auf dem HEAT (HAN o. J.) zum Einsatz, welches vom Englischen ins Deutsche übersetzt sowie hinsichtlich spezifischer Bereiche modifiziert wurde und aktuell psychometrisch geprüft wird.

Erste strukturierte Ortsbegehungen fanden hierzu mithilfe von Rollstuhl, Rollator und Gehhilfen an hochfrequentierten Straßen und Plätzen der Gemeinde statt. Entsprechende Einblicke sollen helfen, ortsspezifische Defizite im öffentlichen Raum festzustellen, dafür zu sensibilisieren und darauf aufbauend Interventionen abzuleiten, z.B. die stadtgerechte Umgestaltung problematischer Gehwegabschnitte mit großen, ebenen Granitplatten. Die so sensibilisierte Gemeinde möchte bis Ende des Jahres 2019 eine Sammlung aller defizitären Bereiche im öffentlichen Raum durchführen, um darauf aufbauend eine Infrastrukturmaßnahmenplanung abzuleiten und Fördermittel für die

Umsetzung zu beantragen. Beispielhaft kann hier die Beantragung eines Fahrradweges genannt werden, welcher eine wichtige Verbindung zwischen Ortsteilen darstellt. Eine Ausweitung derartiger strukturierter Ortsbegehungen auf andere Gemeinden ist angedacht.

Ergebnisse im Bereich „Erreichbarkeit von Dienstleistungen"

Ein weiterer wesentlicher Bereich des Fragebogens beleuchtet das Thema „Erreichbarkeit von Dienstleistungen", mit Fokus auf Einkaufsmöglichkeiten und den Zugang zu mobilen Dienstleistern. Für die Förderung der Unabhängigkeit und Selbstständigkeit älterer Bürgerinnen und Bürger ist die Möglichkeit der Erreichbarkeit von Dienstleistungen ein wesentlicher Faktor. Sie wurde von den Befragten mit einem Durchschnitt von 2,1 bewertet, was der Antwortmöglichkeit „trifft eher nicht zu" entspricht. Im Vergleich wurden mobile Dienstleister (M=2,7) wie Bäcker, Fleischer und täglicher Bedarf, die bis zu viermal wöchentlich die Ortsteile anfahren, mit „trifft eher zu" und daher mit positiver Tendenz bewertet. Aussagen der Befragten waren: „Ohne Auto ist kein Einkauf möglich", keine Einkaufsmöglichkeiten in der Innenstadt".

Zur fußläufigen Erreichbarkeit von Dienstleistungen ist es notwendig, älteren Menschen regelmäßige Möglichkeiten zur Erholung und den Besuch einer Toilette zu ermöglichen (WHO 2007; Federal/Provincial/Territorial Ministers Responsible for Seniors 2007). Die Situation der Sitzgelegenheiten in regelmäßigen Abständen (M=1,9) und der Zugang zu öffentlichen Toiletten (M=1,4) werden im Bereich „trifft eher nicht zu" mit einer Tendenz zu „trifft gar nicht zu" bewertet. Dies weist auf einen Veränderungsbedarf in den Gemeinden hin. Aussagen der Befragten in diesen Bereichen waren: „Sitzgelegenheiten kaum vorhanden oder ungepflegt", „öffentliche WC werden nicht gekannt […]".

Strategieansätze im Bereich „Erreichbarkeit von Dienstleistungen"

In einer der befragten Gemeinden im Landkreis Elbe-Elster gaben fast 80 % der Befragten an, dass es in der Gemeinde keine ausreichenden Sitzgelegenheiten gibt und die vorhandenen Sitzgelegenheiten nicht oder eher nicht ausreichend gepflegt sind. Direkte Aussagen der Befragten waren: „Bänke könnten mehr sein, […]" und: „Bänke verkommen".

Aufgrund dieser Ausgangslage wurde von der Gemeinde eine Erfassung der bestehenden Sitzgelegenheiten in der gesamten Gemeinde durchgeführt. Vorhandene Sitzgelegenheiten wurden auf einer Landkarte der Gemeinde dargestellt, um flächenmäßige Defizite und Lücken aufzudecken. Die Gemeinde reagierte umgehend darauf und stellte blaue Metallbänke vor allem auf frequentierten Plätzen und Straßen auf. Sitzbänke aus Metall wurden von der Bevölkerung aufgrund des häufig auftretenden Vandalismus gewünscht. Eine Evaluation der Wahrnehmung dieser Maßnahme ist in Planung.

Eine weitere Möglichkeit, erreichbare Einkaufsgelegenheiten zu fördern, ist der Ausbau der vorhandenen mobilen Dienstleisterinnen und Dienstleister. Diese sind in der Region verankert, halten jedoch an unterschiedlichen Zeiten und Orten und stimmen sich nicht untereinander ab. Aufgrund dessen entstand in einer der Gemeinden des Landkreises als Pilotprojekt die Idee, eine Verkaufsinsel mit Begegnungsstätte zu etablieren. Mobile Dienstleisterinnen und Dienstleister wie Fleischer, Bäcker und täglicher Bedarf, welche in der Umgebung der Gemeinde angesiedelt sind, sollen dabei zwei- bis dreimal wöchentlich zur gleichen Zeit „gebündelt" die Verkaufsinsel ansteuern. Die Verkaufsinseln werden mit fixen Tischen und Bänken sowie einer Überdachung ausgestattet. Des Weiteren soll ein Schaukasten aktuelle Informationen zum Gemeindeleben übermitteln. Die Verkaufsinsel soll dadurch nicht nur eine Einkaufsmöglichkeit, sondern gleichzeitig eine soziale Begegnungsstätte und ein regelmäßiger Treffpunkt für die Bewohnerinnen und Bewohner darstellen. Zusätzlich sollen Mitfahrgelegenheiten initiiert werden, um die Mobilität der Älteren zu erleichtern. Langfristig ist auch die Etablierung eines WLAN-Hotspots geplant, um die Nutzung von E-Mail, Onlineangeboten und eine Abstimmung von Mitfahrgelegenheiten zu ermöglichen. Eine Ausweitung des Projekts auf die gesamte Gemeinde ist angedacht und jeder Ortsteil soll seine Verkaufsinsel erhalten. Auch hier ist eine Evaluation der Maßnahme geplant.

Ergebnisse im Bereich „Mobilität und Transport"

Für die ältere Bevölkerung ohne eigenen Pkw spielt der Öffentliche Personennahverkehr (ÖPNV) zur Versorgung und Gestaltung des Alltags eine wichtige Rolle. Der ÖPNV weist nach Meinungen der Befragten jedoch Veränderungsbedarf auf. Dies spiegelt sich in den Items „der Takt des ÖPNV ist ausreichend" (M=2,3) und „der ÖPNV verbindet wichtige Angebote" (M=2) wider. Die Situation zeigt sich ebenso in den direkten Aussagen der Befragten: „ÖPNV unzureichend auf den Ortsteilen", „nur Schulbus, in den Ferien gar nicht", „Sa und So kein Busverkehr", „Gemeinde sehr abgeschirmt, nur in Schulzeiten möglich".

In direktem Zusammenhang mit dem ÖPNV stehen die ÖPNV-Haltestellen, die fußläufig für alle Bürgerinnen und Bürger erreichbar sein sollten. In den meisten Fällen trifft dies eher zu. Es gibt jedoch auch Befragte, für die die verfügbaren Haltestellen einen längeren (Fuß-)Weg bedeuten, wodurch ein durchschnittlicher Wert von 2,5 in der Bewertung entsteht. Informationen zu Fahrplänen werden im Vergleich deutlich positiver bewertet (M = 2,9).

Auch alternative Transportmittel zum Ausgleich der ÖPNV stehen nur bedingt zur Verfügung, daher wurden diese ebenfalls mit einem Durchschnitt von 1,8 bewertet. Alternativen zum ÖPNV sind Taxi, Rufbus oder Fahrdienste, welche in den direkten Aussagen als „zu teuer" oder „benutzerunfreundlich" aufgrund langer Voranmeldung beurteilt werden. Weitere Aussagen zu den alternativen Transportmitteln sind: „Rufbus und der kommt öfter auch nicht", „Taxis! Rufbus ist benutzerunfreundlich [..]", „Fahrdienst, aber zu teuer".

Der bestehende ÖPNV und die alternativen Transport- und Mobilitätsangebote scheinen demnach nicht dem Nutzerverhalten der älteren Bevölkerung angepasst zu sein. Neue Lösungen hinsichtlich der Verkehrsstrukturen müssen gefunden werden, um die Nutzung des ÖPNV und alternativer Transportmittel attraktiver und nutzerfreundlicher zu gestalten.

Strategieansätze im Bereich „Mobilität und Transport"

Die Erreichbarkeit von Dienstleistungen und das Mobilitätsangebot sind wichtige Faktoren, vor allem für die gesellschaftliche Teilhabe älterer Bürgerinnen und Bürger. Die Literatur zeigt, dass ein regionales Mitfahrsystem hierbei die effizienteste Möglichkeit zur Lösung ist. Mitfahrgelegenheiten können über Smartphone oder Internet organisiert werden (BMEL 2015). Jedoch besitzen nur 28 % der 65- bis 85-Jährigen ein Smartphone (Generali Deutschland AG 2017), was eine Umsetzung durch eine rein digitale Option wenig realistisch erscheinen lässt. Die Entwicklung zielgruppengerechter Mobilitätskonzepte erscheint daher essenziell.

Aus diesem Grund ist die Umsetzung eines kostengünstigen und nutzerfreundlichen Mobilitätskonzeptes in den Gemeinden durch das Fachgebiet Pflegewissenschaft in Planung. Dieses könnte beispielsweise „Mitfahrbänke" in Kombination mit digitaler Vernetzung der Bevölkerung beinhalten. Eine Mitfahrbank ist eine im öffentlichen Raum aufgestellte Sitzgelegenheit, wobei der Platznehmende signalisiert, dass er auf eine Mitfahrgelegenheit zu einem bestimmten Ziel, welches durch Schilder gekennzeichnet wird, wartet. Diese Mitfahrbank wird mit einem digitalen System verbunden, durch das die Wartenden auch ihren Mitfahrwunsch kundgeben können.

Schlussfolgerungen

Die im Rahmen des hier vorgestellten Modellprojektes durchgeführten Sozialraumanalysen und die daraus abgeleiteten Interventionen ermöglichen erste Einblicke in bestehende Situationen und Chancen der involvierten ländlichen Kommunen. Adäquate Pflege- und Versorgungsstrukturen können darauf basierend umgesetzt und evaluiert werden; ggf. ist auch eine Übertragung auf andere Regionen Brandenburgs und darüber hinaus möglich.

Dennoch wird jeder Gemeinde nahegelegt, gemeindespezifische Sozialraumanalysen durchzuführen, um Probleme und Ressourcen zu erkennen, diesbezügliche Prioritäten zu definieren und angemessene Implementierungsstrategien abzuleiten. Viele Herausforderungen ähneln sich, jedoch müssen Lösungswege aufgrund der Heterogenität der Gemeinden individuell angepasst werden.

Einen wichtigen Faktor für die Altersfreundlichkeit stellt nach Meinung der Autorinnen die Durchführung der Sozialraumanalyse selbst dar. Durch die Erhebung und die damit einhergehende Sensibilisierung bzw. Bewusstwerdung der Thematik ist schon ein erster Schritt in Richtung Altersfreundlichkeit getan. Durch die Auseinandersetzung aller Akteure der Gemeinde mit den Themenstellungen können bereits erste Veränderungen angestoßen werden. Projekte können so nicht nur für den Moment, sondern mit Blick auf die Zukunft einer alternden Bevölkerung geplant werden. Eine aufschlussreiche Aussage während eines Meetings mit einem der Bürgermeister war: „Wenn wir die Ergebnisse der Befragung vor Jahren gekannt hätten, hätten wir sicher nicht so entschieden und dieses Kopfsteinpflaster verlegen lassen!"

Von einer derartigen Auseinandersetzung können nicht nur ältere Bürgerinnen und Bürger, sondern alle Generationen profitieren und ländliche Regionen (wieder) zu einem attraktiven Ort werden. So können z.B. barrierearme Gehwege ein Segen für Rollstuhlfahrer/innen und junge Familien mit Kinderwagen gleichermaßen sein. Dasselbe gilt für ausreichende Sitzmöglichkeiten, gut ausgebaute Radwege, eine gute Infrastruktur mit ortsnahen Einkaufsmöglichkeiten und eine verlässliche Gesundheitsversorgung wie auch für generationsübergreifende Angebote und Begegnungsstätten.

Literatur

Ausserhofer, D./Gnass, I./Meyer, I./Schwendimann, R. (2012): Die Bestimmung der Inhaltsvalidität anhand des Content Validity Index, in: Pflegewissenschaft 3/2012, S. 151–158.

BMEL – Bundesministerium für Ernährung und Landwirtschaft (2015): Ländliche Regionen verstehen. Fakten und Hintergründe zum Leben und Arbeiten in ländlichen Regionen, Berlin, https://www.bmel.de/SharedDocs/Downloads/Broschueren/LR-verstehen.pdf?__blob=publicationFile (29. August 2019).

BMFSFJ – Bundesministerium für Familie, Senioren, Frauen und Jugend (2017): Sorge und Mitverantwortung in der Kommune – Erkenntnisse und Empfehlungen des Siebten Altenberichts, Berlin, https://www.siebter-altenbericht.de/fileadmin/altenbericht/pdf/Broschuere_Siebter_Altenbericht.pdf (29. August 2019).

Federal/Provincial/Territorial Ministers Responsible for Seniors (2007): Age-Friendly rural and Remote communities: A Guide, Ottawa, http://www.phac-aspc.gc.ca/seniors-aines/alt-formats/pdf/publications/public/healthy-sante/age_friendly_rural/AFRRC_en.pdf (29. August 2019).

Generali Deutschland AG (Hrsg.) (2017): Generali Altersstudie 2017. Wie ältere Menschen in Deutschland denken und leben, Berlin/Heidelberg.

HAN – Healthy Aging Network (o.J.): Environmental Audit Tool (HEAT), https://www.cdc.gov/prc/resources/tools/han.html (4. September 2019).

Wetzstein, M./Rommel, A./Lange, C. (2015): Pflegende Angehörige – Deutschlands größter Pflegedienst, in: GBE kompakt 6(3), Berlin.

WHO – World Health Organisation (2007): Age-Friendly Cities: A Guide, WHO, Geneva. URL: https://www.who.int/ageing/publications/Global_age_friendly_cities_Guide_English.pdf, (29. August 2019).

Stephan Vogt

Das Ostallgäuer Demenzkonzept: Einfach dazugehören

Der Flächenlandkreis Ostallgäu mit rund 141.000 Einwohner/innen und einem Anteil über 65-Jähriger von 21 % (Stand 31. Dezember 2018) stellt sich dem demografischen Wandel. Nach Schätzungen der EuroCoDe-Studie (vgl. Bayerisches Landesamt für Gesundheit und Lebensmittelsicherheit 2019) beläuft sich die Häufigkeit (Prävalenz) von Demenzerkrankungen für die Altersgruppe 65 und mehr Jahre auf etwa 10 %. Die oft langanhaltenden Verläufe von Demenzerkrankungen führen zu schleichenden Überlastungssituationen im sozialen Umfeld der Betroffenen. Der Landkreis Ostallgäu verabschiedete 2014 als erster Landkreis in Bayern ein Demenzkonzept. Für 2020 stehen die Auswertung der aktuell laufenden Pflegebedarfserhebung sowie die Fortschreibung des Demenzkonzepts an.

Methode und Vorgehensweise

Im Vorfeld ermittelte eine mit regionalen Experten und einer Angehörigenvertretung gebildete Steuerungsgruppe systematisch den Handlungsbedarf. Die Ergebnisse flossen in einen Bürger-Workshop ein. Die inhaltlichen Ergebnisse stellen eine Erweiterung des 2009 verabschiedeten Seniorenpolitischen Gesamtkonzepts des Landkreises dar. Für die Schaffung einer zeitlich befristeten fachlichen Begleitung zur Koordination der über 100 Maßnahmen erhielt der Landkreis Ostallgäu Fördermittel durch das Amt für Ernährung, Landwirtschaft und Forsten (AELF) Kempten. Die Projektmanagement-Stelle wurde 2015 im Umfang einer Vollzeitstelle für einen Zeitraum von drei Jahren durch LEADER bewilligt. Mit Beschluss des Ausschusses für Familie und Soziales von 2017 wurde die Fortführung der Fachstelle Demenz am Landratsamt Ostallgäu vorzeitig sichergestellt.

Ziele

Durch die Umsetzung des Demenzkonzepts sollen wohnortnah Unterstützungsangebote geschaffen werden, die Selbstbestimmung und Eigenverantwortung von Menschen mit Demenz und ihren Angehörigen fördern. Dabei stehen insbesondere die Gewinnung ehrenamtlicher und hauptamtlicher Kräfte sowie die fachliche Gesamtsteuerung für die Umsetzung von Maßnahmen im Vordergrund. Weiteres Ziel ist es, gesellschaftliche Lernprozesse und Teilhabemöglichkeiten von Menschen mit Demenz zu unterstützen.

Handlungsfelder

Kommunale Demenzarbeit stellt eine breit gefächerte Querschnittsaufgabe dar. Im Folgenden werden für den Zeitraum von 2015 bis heute exemplarisch Maßnahmen und Ergebnisse aus den elf Handlungsfeldern dargestellt.

Handlungsfeld 1: Integrierte Orts- und Entwicklungsplanung

Maßnahmenschwerpunkt: Unterstützung von Initiativen ambulant betreuter Wohngemeinschaften

Stephan Vogt, Gesundheits- und Krankenpfleger, Familiengesundheitspfleger (WHO), ist Demenzbeauftragter Landkreis Ostallgäu. E-Mail: stephan.vogt@lra-oal.bayern.de

Durch die Ansiedelung ambulant betreuter Wohngemeinschaften können kleinere Gemeinden im ländlichen Raum eine Belebung ihrer Ortskerne erhalten. Für pflegebedürftige Bürger/innen mit Demenz und ihre Angehörigen stellen sie eine Alternative zur stationären Pflege dar. Die Fachstelle vermittelte neben konzeptionellen Besonderheiten auch zentrale Qualitätsmerkmale wie Versorgungskontinuität, Nutzerorientierung, Selbstbestimmung, Selbstverantwortung, Koordination und Transparenz, soziale Teilhabe und Mitwirkungspflichten der Nutzer/innen. Derzeit verknüpfen drei Gemeinden die Frage des Wohnbedarfs im Alter mit Ortsentwicklungsprozessen und nutzen die fachliche Ressource der Fachstelle Demenz.

Handlungsfeld 2: Wohnen zu Hause

Maßnahmenschwerpunkt: Ausbau von Angeboten zur Unterstützung im Alltag

Die Fachstelle Demenz bietet fundierte Beratung im Aufbau von Angeboten zur Unterstützung im Alltag. Initiatoren erhalten Unterstützung bei der Konzepterstellung, der Gewinnung von Kostenträgern, der Erstellung von Finanzplänen, der Beantragung von Zuschüssen und der Akquise weiterer Fördermittel. Zu den fünf bereits im Landkreis tätigen Anbietern konnten sieben weitere Anbieter hinzugewonnen werden. 2018 dokumentierten rund 200 Freiwillige rund 18.000 Leistungsstunden. Damit vervierfachten sich die erbrachten Leistungen seit 2015. Alle Träger werden vom Landkreis und örtlichen Gemeinden mit Personal-, Sach- und Finanzmitteln unterstützt. So konnten den

Trägern bis Ende 2018 zusätzliche Zuschüsse in Höhe von über 300.000 € erschlossen werden.

Handlungsfeld 3: Beratung, Information und Öffentlichkeitsarbeit

Maßnahmenschwerpunkt: Entwicklung und Durchführung der Ostallgäuer DEMENSCH-Wanderausstellung

Die Ostallgäuer DEMENSCH-Wanderausstellung lädt die Betrachter/innen der über 40 Motive des Cartoonisten Peter Gaymann dazu ein, sich mit möglichen Sichtweisen von Menschen mit Demenz auf ihren Alltag auseinanderzusetzen. Die Bilder wurden in allen größeren Gemeinden des Landkreises über den Ortskern verteilt ausgestellt. Die lokalen Demenzhilfe-Einrichtungen beteiligten sich mit vielfältigen Aktionen. Im Rahmen der insgesamt 24 Ausstellungswochen und der rund 50 Veranstaltungen wurde bis heute hohe Aufmerksamkeit für das Thema erreicht.

Handlungsfeld 4: Präventive Angebote

Maßnahmenschwerpunkt: Förderung von Präventionsmaßnahmen

Die Fachstelle Demenz klärte im Kreise von Nachbarschaftshilfen, Angehörigengruppen u.a. über Themen rund um Demenz auf. Über die Thematisierung präventiver Faktoren wie lebenslanges Lernen, gesunde Ernährung, Bewegung und Sport, Pflege von Sozialkontakten und aktive Pflege der eigenen Gesundheit konnten auch Bürger/innen angesprochen werden, die sich sonst nicht mit der Thematik beschäftigten.

Handlungsfeld 5: Gesellschaftliche Teilhabe

Maßnahmenschwerpunkt: Ausbau von Angeboten zur Unterstützung im Alltag für demenzbetroffene Bürger/innen und ihre Angehörigen

Mit dem flächendeckenden Ausbau der Angebote wurden strategisch wichtige Grundlagen für die Schaffung weiterer gesellschaftlicher Teilhabemöglichkeiten von Menschen mit Demenz geschaffen.

Handlungsfeld 6: Bürgerschaftliches Engagement von und für Senior/innen

Maßnahmenschwerpunkt: Unterstützung der Träger bei der Gewinnung ehrenamtlicher Kräften für den Demenzbereich und Weiterentwicklung ihrer Angebote

Mit Unterstützung der Fachstelle Demenz erschlossen sich die örtlichen ehrenamtlichen Helfergruppen die Vielfalt an Unterstützungsmöglichkeiten der Servicestelle Ehrenamt des Landkreises, des Netzwerks Demenzhilfe Allgäu, der Demenzagentur Bayern sowie den Zugang zu weiteren ergänzenden Förderstrukturen. Die Etablierung einer jährlichen Seniorenbegleiter-Schulung in Kooperation mit dem Bistum Augsburg trug zusätzlich dazu bei, Freiwillige für die Demenzarbeit zu interessieren.

Handlungsfeld 7: Betreuung und Pflege

Maßnahmenschwerpunkt: Flächendeckende Implementierung der MAKS-Aktivierungstherapie für Menschen mit Demenz

Mit der nicht medikamentösen, ganzheitlichen Ressourcenförderung der MAKS-Aktivierungstherapie können alltagspraktische und geistige Fähigkeiten von Menschen mit Demenz stabilisiert werden. Insgesamt beteiligen sich heute elf Träger an der Umsetzung ambulanter oder teilstationärer MAKS-Angebote. Diese schlossen sich zu einer Lerngruppe im Sinne eines Qualitätszirkels zusammen.

Handlungsfeld 8: Unterstützung pflegender Angehöriger

Im Mittelpunkt stand der Ausbau von Kapazitäten aufsuchender Pflegeberatungsangebote. Über die Erschließung zusätzlicher finanzieller Mittel durch die Fachstelle Demenz wurde eine Verdoppelung der Personal-Kapazitäten angestoßen.

Handlungsfeld 9: Angebote für besondere Zielgruppen

Mit der Umsetzung eines Förderprogramms des Landkreises Ostallgäu für niedrigschwellige Entlastungs- und Betreuungsangebote sowie ambulanter und teilstationärer Pflege- und Pflegeberatungsdienste (FEBP; Landkreis Ostallgäu 2018) setzte die Fachstelle in Zeiten des Fachkräftemangels wichtige Impulse für die Entwicklung neuer demenzspezifischer Angebote (Wohnberatung für Menschen mit Demenz u.a.).

Handlungsfeld 10: Hospizdienste und Palliativversorgung

Aufgrund der erhöhten Aufmerksamkeit für die Belange von Bürger/innen in der finalen Lebensphase konnte die Gründung eines regionalen SAPV-Teams unterstützt sowie die Finanzierung einer Erweiterung des Leistungsangebotes gesichert werden. Seit 2016 stehen den Bürgern des Landkreises sechs qualifizierte Fachärzte sowie fünf Palliativ-Care-Pflegefachkräfte zur Seite.

Handlungsfeld 11: Steuerung, Kooperation, Koordination und Vernetzung

Unter Federführung der Fachstelle Demenz wurde das Konzept des Netzwerks Pflege Landkreis Ostallgäu erarbeitet. Dieses wurde 2018 im Sinne des §45c Abs. 9 Elftes Buch Sozialgesetzbuch (SGB XI) von den Pflegekassen als förderwürdig anerkannt. Die

Vernetzung hilft einen Überblick über regionale Angebote zu bewahren sowie aktuelle Bedarfslagen und Ressourcen zeitnah zu bearbeiten.

Fazit

Kommunales Engagement bei der Umsetzung eines landkreisweiten Demenzkonzepts lohnt sich. Die geschaffene Fachstelle Demenz erfüllt als Bindeglied zwischen betroffenen Bürgern, regionalen Demenzhilfe-Akteuren und gesundheitspolitischen Initiativen der Landes- oder Bundesebene eine wichtige Scharnierfunktion. Das Konzept stellt einen kommunalpolitisch legitimierten Handlungsrahmen dar, auf den sich gezielt vorhandene Entwicklungspotenziale im Landkreis ausrichten lassen.

Literatur

Bayerisches Landesamt für Gesundheit und Lebensmittelsicherheit (2019): Gesundheitsreport Bayern 2/2019 – Update Demenzerkrankungen, Erlangen.

Landratsamt Ostallgäu (2012): Ostallgäuer Demenzkonzept „Einfach dazugehören", Marktoberdorf.

Landkreis Ostallgäu (2018): Förderrichtlinien des Landkreises Ostallgäu für niedrigschwellige Entlastungs- und Betreuungsangebote sowie ambulanter und teilstationärer Pflege- und Pflegeberatungsdienste (FEBP) vom 1. Januar 2017, Stand: 23. November 2018, https://www.sozialportal-ostallgaeu.de/7109.html (7. Oktober 2019).

Landkreis Ostallgäu (2019): „Mach" – 2019 in Zahlen, Statistikheft zum Wirtschaftsstandort Ostallgäu, Marktoberdorf.

Neuerscheinung

Leben in der Mitte der Gesellschaft: Lokale Allianzen für Menschen mit Demenz

Herausgegeben von Irina Pfützenreuter
2019, 111 Seiten, E-Book
14,50 €
ISBN 978-3-7841-3166-5

Eine Demenz-Erkrankung sollte nicht zu einem schamhaften Rückzug ins Private führen. Betroffene und deren Angehörige benötigen Information, Beratung, praktische Unterstützung und vor allem: soziale Integration. In unserem neuen E-Book werden 14 Projekte vorgestellt, die im Rahmen des Bundesmodellprogramms „Lokale Allianzen für Menschen mit Demenz" nach Lösungswegen gesucht haben.

Versandkostenfrei bestellen im Online-Buchshop:
www.verlag.deutscher-verein.de

Deutscher Verein
für öffentliche und private Fürsorge e.V.
Michaelkirchstraße 17/18, 10179 Berlin
www.deutscher-verein.de

Heike Radvan

Diversität und Diskriminierung in ländlichen Räumen Ostdeutschlands

Wie divers ist der ländliche Raum in den neuen Bundesländern? Welche Alltagserfahrungen machen Angehörige marginalisierter Communitys? Im Folgenden werden Ergebnisse aus drei Forschungsprojekten diskutiert, in denen nach Alltagserfahrungen von einheimischen und geflüchteten Muslim/innen in Mecklenburg-Vorpommern (MV) gefragt wurde (vgl. AAS 2018) sowie nach Alltagserfahrungen von Menschen, die lesbisch, schwul oder trans* leben und in Brandenburg (vgl. Radvan/Matt 2019) und MV (Hindemith u.a. 2019; Radvan/Schondelmayer 2017) wohnen. Im Sinne eines kritischen Diversitätsbegriffes geht es um Verschiedenheiten qua kollektiver Zugehörigkeit und Lebensweise bzw. deren Zuschreibung sowie um soziale Ungleichheit und Diskriminierung von Gruppen (vgl. Scherr 2012).

Im Folgenden werden ausgewählte Forschungsergebnisse mit dem Fokus auf Differenzwahrnehmung und Diskriminierung vorgestellt. Für die Studien wurden narrativ-biografische Interviews geführt. In den Alltagerfahrungen der Interviewten dokumentieren sich Diskriminierungswiderfahrnisse, aber auch vielfältige Umgangsweisen und Widerständigkeiten wie z.B. soziales und politisches Engagement und kollektives Empowerment. Insofern gestalten viele Interviewte den Alltag in ihrer Wohnregion sehr aktiv und verändern diesen in Richtung eines respektvollen, demokratischen Miteinanders. Im Sinne der verschiedenen Diversitätskategorien wäre es sinnvoll gewesen, ebenso andere marginalisierte Gruppen oder Mehrfachdiskriminierung zu erforschen. Bislang lässt sich für ländliche Räume Ostdeutschlands diesbezüglich von einem Forschungsdesiderat sprechen. Insofern ist die Auswahl der hier fokussierten Gruppen erst ein Anfang.

Alltagserfahrungen queerer Communitys

Der Alltag vieler queerer Interviewter ist von einer Wahrnehmung als „die Anderen" geprägt: Sie beschreiben Blicke im öffentlichen Raum, die sie zu der/dem „Anderen" machen. Studien zu sogenannten Mikroaggressionen im Alltag belegen, dass solcherart verbale und nonverbale, intendierte und nicht intendierte Reaktionen Diskriminierungen sind, die sozial-negative, gesundheitsschädigende Auswirkungen haben (Sue 2010). Viele Interviewte erzählen von diskriminierenden Aussagen im öffentlichen Raum und davon, dass sie besonders aufmerksam sind, wenn sie als lesbisch, schwul oder trans* erkennbar werden, z.B. durch Arm-in-Arm-Gehen oder Küssen. Im Zweifelsfall entscheiden sie sich gegen solches Verhalten, um unerkannt und somit geschützt zu bleiben.

Die Mehrzahl der Interviewten beschreibt, dass sie schon ein- oder auch mehrmals mit diskriminierenden Aussagen und als gefährlich erlebten Situationen konfrontiert waren. Einzelne berichten von körperlicher Gewalt. Nicht selten wurden Ausgrenzungs-, aber auch Gewalterfahrungen bereits in der Kindheit und Adoleszenz erlebt. Auch wenn es diskriminierungsfreie Räume – besonders in selbstorganisierten Kontexten – gibt und entsprechende Situationen nicht alltäglich erlebt werden müssen, prägen eigene und vermittelte Erfahrungen von Diskriminierung und Gewalt den Alltag vieler Interviewter; sie haben Auswirkungen auf das Lebensgefühl und Wohlbefinden vieler Personen.

Die Erzählungen der Interviewten zeigen, welche Umgangsweisen, Formen der Gegenwehr und Strategien der Bewältigung entwickelt worden sind. Grundsätzlich verschärft (potenzielle) Mehrfachdiskriminierung die Situation. So zeigt sich, in welch hohem Maße die Überschneidung rassistischer sowie trans*- und homofeindlicher Gewalt die Freizügigkeit und den Alltag queerer Geflüchteter und People of Color eingrenzt.

Psychosoziale Beratung, die Lesben, Schwule und Trans*, z.B. im Prozess des Coming-out oder auch der Verarbeitung von Diskriminierung, benötigen, wird von wenigen, oft ehrenamtlich tätigen Selbstorganisationen in größeren Städten angeboten, im ländlichen Raum braucht es Mobilität, um diese wahrnehmen zu können. Psychotherapeut/innen haben sehr selten Kompetenzen in diesen Bereichen. Die psychosoziale und gesundheitliche Versorgung von Trans* ist unzureichend – nicht nur, wenn sie sich für geschlechtsangleichende Maßnahmen entscheiden. Häufige Fahrten in Metropolen sind unausweichlich. Diese Leerstellen in der Versorgung zeigen sich auch in der Altenpflege, die bislang nicht auf entsprechende Bedarfe eingehen kann.

Prof. Dr. Heike Radvan lehrt Methoden und Theorien Sozialer Arbeit an der Brandenburgischen Technischen Universität Cottbus-Senftenberg. E-Mail: heike.radvan@b-tu.de

Während es in größeren Städten vereinzelt selbstorganisierte Gruppen, Ansprechpersonen und Orte gibt, in denen sich Lesben, Schwule und Trans* treffen und austauschen können, fehlt dies in ländlichen Regionen. Dies ist auch insofern folgenreich, als diese eine große Bedeutung für die Verarbeitung von Diskriminierung haben und sich dort zudem kollektives Empowerment entwickeln kann.

Auch im urbanen Raum gibt es nur begrenzte Angebote für gruppenspezifische Interessen und Bedürfnisse: Im kulturellen und bildungspolitischen Bereich sind queere Themen nicht als Querschnitt angekommen. Öffentliche Veranstaltungen und allgemeine Angebote bleiben oft ohne entsprechende Bezüge. So ist es beispielsweise in Bibliotheken von der Sensibilität und oft der Zugehörigkeit der Angestellten abhängig, ob etwa Bücher zu Coming-out vorhanden sind oder ob im Kino entsprechende Filme gezeigt werden. Grundsätzlich ist es von kleinen, äußerst engagiert und mehrheitlich ehrenamtlich arbeitenden Selbstorganisationen abhängig, ob es entsprechende Angebote gibt. Interviewte beschreiben, dass sie sich als Minderheit wahrgenommen fühlen und ihr Alltag in einem heteronormativ dominanten Umfeld stattfindet.

Alltagserfahrungen von Muslim/innen

Fragt man nach Erfahrungen von einheimischen und geflüchteten Muslim/innen in MV, so zeigen sich strukturelle Ähnlichkeiten zu denen queerer Menschen ebenso wie Differenzen.

Alle Interviewten berichten von Erfahrungen des „othering", von Ausgrenzung, Zuschreibung und spezifisch (antimuslimischem) Rassismus: „Weil die Leute hier keine Ausländer mögen. Die gucken so komisch. Sie gucken mich einfach nicht normal an." Es entsteht „der Eindruck, dass ich von den Leuten her, die die Mehrzahl ausmachen, nie zu denen gehören werde". „Wenn ich einem Deutschen sage: Ich bin Afghane, ich bin Muslim, dann sehe ich, dass der sofort denkt, dass ich Terrorist bin oder etwas anderes Schlimmes." Insbesondere Frauen, die den Hijab tragen, sind von Diskriminierung betroffen. Sie berichten, dass sie sehr häufig erklären müssen, warum sie dies tun, ob sie es freiwillig tun etc. Gewalt zeigt sich etwa darin, dass das Kopftuch heruntergerissen wird oder Frauen angespuckt werden. Neben Erfahrungen von alltäglicher Diskriminierung prägen eigene Erfahrungen und das vermittelte Wissen um gewaltförmigen Rassismus besonders durch Neonazis die Lebensgestaltung der Interviewten. Bestimmte Orte zu meiden und bei Dunkelheit das Haus nicht zu verlassen, ist für viele alltäglich.

Praktizierende Muslime stehen häufig vor der Herausforderung, dass Bedarfe für den alltäglichen religiösen Bedarf – z.B. (frische) Lebensmittel, Hal-al-Fleisch – nur in entfernten Metropolen erhältlich sind. Häufig müssen Imame für Gottesdienste lange Wege zurücklegen, an Feiertagen bleiben Gemeinden oft ohne Imam. Muslimische Gemeinden haben in einigen Städten in MV Räume, oft liegen diese am Rande der Stadt und in alten sowie maroden Gebäuden (vgl. AAS 2018). Hier dokumentiert sich letztlich auch die marginale Bedeutung, die den Gruppierungen innerhalb der etablierten Stadtgesellschaft eingeräumt wird. Zudem sind sie eine Folge geringer Partizipationsmöglichkeiten und Entscheidungsmacht.

„Othering" des Ostens?

Gruppenübergreifend beschreiben es Interviewte als entlastend, in Großstädte wie Berlin zu fahren, wo Vielfalt zumindest in mehreren Stadtbezirken zum akzeptierten Alltag gehört. Mehrere Personen haben darüber nachgedacht, das Bundesland zu verlassen, um einen einfacheren Alltag „unter Gleichen" leben zu können. Innerhalb der queeren Gruppen gibt es viele Geschichten über Freund/innen, die in Metropolen gezogen sind. Dies betrifft nicht nur ländliche Räume, auch das Leben in Städten wie Cottbus ist für Betroffene oft nicht sicher, wie ein dort aufgewachsener Journalist problematisiert (Prokop 2019).

Wenn es der aufenthaltsrechtliche Status erlaubt, ist es für viele muslimische Interviewte ein Ausweg, nach Westdeutschland zu migrieren. Hier geht es neben dem häufigen Wunsch, der Familie nahe zu sein, zuallererst um geringere Präsenz von Diskriminierung und (extrem) rechter Gewalt. Aus Perspektive der Betroffenen ist damit die Frage, ob dieses Thema begründet eine Ostspezifik hat oder ob dies eher Zuschreibungen und ein „othering" des Ostens (re)produziert, sehr eindeutig beantwortet (vgl. Heft 2018). Nach wie vor ist der Anteil der Menschen mit Migrationsgeschichte in Westdeutschland signifikant höher als im Osten, ebenso in Ostdeutschland die Gefahr, von rechter Gewalt betroffen zu sein (VBRG 2019). Zuallererst ergeben sich hieraus Verantwortlichkeiten für Politik, Zivilgesellschaft, aber auch für Soziale Arbeit und Pädagogik (vgl. Radvan/Schondelmayer 2017; Leidinger 2018).

Literatur

AAS – Amadeu Antonio Stiftung/Lola für Demokratie in Mecklenburg-Vorpommern e.V. (2018): Hier zu leben, hat mich sehr wachsen lassen. Lebenssituationen von einheimischen und geflüchteten Muslim*innen aus Mecklenburg-Vorpommern, Berlin.

Heft, Kathleen (2018): Brauner Osten – Überlegungen zu einem populären Deutungsmuster ostdeutscher Andersheit, in: Feministische Studien, 36(2), S. 357–366.

Hindemith, Stella/Leidinger, Christiane/Radvan, Heike/Roßhart, Julia (Hrsg.) (2019): Wir* hier! Lesbisch, schwul und trans* zwischen Hiddensee und Ludwigslust. Ein Lesebuch zu Geschichte, Gegenwart & Region, Berlin (i. E.).

Leidinger, Christiane (2018): Gesundheitsförderndes Wissen über Kämpfe sozialer Bewegungen. Überlegungen zu Empowerment und Powersharing im Kontext Sozialer Arbeit mit diskriminierten Menschen, in: Sozial Extra 3, S. 55–58.

Prokop, Florian (2019): Warum ich immer seltener nach Cottbus fahre, www.deutschlandfunkkultur.de/rechtsruck-warum-ich-immer-seltener-nach-cottbus-fahre.1005.de.html?dram:article_id=456861 (1. September 2019).

Radvan, Heike/Matt, Christine (2019): „Ohne Mut geht hier nichts!" Erfahrungen von Lesben, Schwulen, Trans* in Brandenburg gestern und heute, Cottbus (i. E.).

Radvan, Heike/Schondelmayer, Anne (2017): „Ich hab mich normal gefühlt, ich war ja verliebt, aber für die andern ist man anders". Homo- und Transfeindlichkeit in Mecklenburg-Vorpommern. Eine Expertise des Vereins „Lola für Demokratie in Mecklenburg-Vorpommern", Berlin.

Scherr, Albert (2012): Diskriminierung: Die Verwendung von Differenzen zur Herstellung und Verfestigung von Ungleichheiten. Vortrag 36. Kongress der Deutschen Gesellschaft für Soziologie. Plenum Diversity und Intersektionalität, www.portal-intersektionalität.de (28. August 2019).

Sue, Derald Wing (2010): Microaggressions in Everyday life, Wiley.

VBRG – Verband der Beratungsstellen für Betroffene rechter, rassistischer und antisemitischer Gewalt (VBRG) (2019): Rechte Gewalt in Ostdeutschland seit 2009, www.verband-brg.de/rechte-gewalt-seit-2009-ostdeutschland (1. September 2019).

Andreas Siegert, Thomas Ketzmerick

Kommunale Integrationspolitik in metropolfernen Räumen

In diesem Beitrag wird diskutiert, wie ländliche Regionen der Abwanderung durch die Anwerbung von Migrant/innen entgegenwirken können. Am Beispiel der Stadt Hettstedt in Sachsen-Anhalt werden die dafür notwendigen Politikansätze aufgezeigt.

Ballungsräume verdichten und entwickeln sich häufig zulasten ländlicher Räume – wie das Beispiel Sachsen-Anhalt, einer stark von Abwanderung, Geburtenrückgang und Sterbeüberschuss geprägten Region, zeigt (Leibert 2012, 4). Hier offenbart sich eine Entwicklung, die das Potenzial gesellschaftlicher Polarisierung birgt. Die mit der Mittelzuweisung nach Einwohnerzahl vorgegebene Gleichbehandlung von Ungleichem fördert die Entvölkerung durch den Abbau von Infrastruktur, sinkender Qualität der Daseinsvorsorge sowie Arbeits- und Fachkräftemangel. Eine Verschärfung damit verbundener Probleme droht, weil in Deutschland international aufgestellte mittelständische Unternehmen oft außerhalb von Ballungsräumen angesiedelt sind. Ohne Arbeits- und Fachkräfte drohen Standortverlagerungen. Auch deshalb bergen die Anwerbung und Bindung von Migrant/innen Chancen, die Folgen der demografischen Krise auf dem Land zu lindern.

Welche Möglichkeiten der Gegensteuerung ressourcenschwache Kommunen haben und in welchen Bereichen sie übergeordnete politische Unterstützung benötigen, wird am Beispiel der Stadt Hettstedt skizziert. Die Ergebnisse flächendeckender Befragungen zeigen, dass erfolgversprechende Anwerbe- und Bindungsstrategien kommunale Beteiligungs- und Steuerungsmöglichkeiten erfordern. Dazu gehören auch neue Formate der Bürgerbeteiligung, lokale Gestaltungsspielräume und Kompetenzen sowie andere kommunale Förderinstrumente.

Weil gleichwertige Lebensverhältnisse nicht gegeben sind, verstärkt sich über Abwanderung und Geburtenrückgang die demografische Krise in den Dörfern. In vielen Regionen scheinen zudem Zusammenhänge zwischen unzureichender gesellschaftlicher Teilhabe, Abkoppelung und politischer Polarisierung zu bestehen (Fink u.a. 2019, 5; Sixtus u.a 2019) und auch aus der massiven Abwanderung junger, gut ausgebildeter Menschen ergeben sich Entwicklungshemmnisse für metropolferne Räume. Danielzyk u.a. (2019, 18) verwenden den Begriff „metropolferne Regionen", „weil insbesondere die Distanz zu Ballungsräumen als wesentliches Kriterium identifiziert wurde, um eine erfolgreiche Entwicklung als überwiegend endogen beeinflusst zu ermitteln". Häufig handelt es sich um Abwanderungsregionen, die schwer zu definieren und deren vielschichtige Entwicklungen begrifflich schwer abzubilden sind (Danielzyk u.a. 2019, 70; Hüther u.a. 2019, 11). Um eine dauerhafte Abkopplung zu verhindern, so Hüther u.a. (2019, 7), sind politische Entscheidungen zugunsten einer umfassenden Neukonzeptionierung bisheriger Politikansätze erforderlich (Fink u.a. 2019, 4). Schließlich sind demografische, gesellschaftliche und wirtschaftliche Verwerfungen so gravierend, dass sie „… Zweifel am Fortbestand demokratischer Verfassungen aufkeimen" lassen (ebd., 275).

Dr. Andreas Siegert, MBA Wirtschaftswissenschaften, ist Wiss. Mitarbeiter am Zentrum für Sozialforschung (ZSH) Halle e.V. an der Martin-Luther-Universität Halle-Wittenberg. E-Mail: andreas.siegert@zsh.uni-halle.de

In Sachsen-Anhalt zeigt sich, was Bevölkerungsverluste bedeuten und weshalb es wichtig ist, dauerhafte Zuwanderung zu fördern. Aus dieser Überlegung ergeben sich praktische Fragen: Welches (soziodemografische, qualifikatorische usw.) Profil weisen Menschen auf, die sich für die Niederlassung in metropolfernen Räumen interessieren? Welche Voraussetzungen benötigen sie? Wie können sie in vorhandene Sozialstrukturen integriert werden? Welche politischen Rahmenbedingungen sind nötig, um Kommunen Steuerungsmöglichkeiten zu geben, und wie müssten diese Instrumente beschaffen sein?

Thomas Ketzmerick, Dipl.-Soziologe, ist Wiss. Mitarbeiter am ZSH. E-Mail: ketzmerick@zsh.uni-halle.de

Demografische Entwicklungen in Sachsen-Anhalt

Seit 1990 verlor Sachsen-Anhalt 24 % seiner Einwohner/innen, ein Verlust, der bis 2030 auf über 30 % steigen wird (Statistisches Landesamt 2008, 8; 2019). Nur die demografischen Faktoren Geburt und Wanderung sind beeinflussbar – aber nur Zuwanderung wirkt kurzfristig (Leibert 2012, 3).
So förderte allein der Zuzug Geflüchteter 2015 eine positivere Entwicklung, als noch in der Fünften Bevölkerungsprognose angenommen wurde (Statistisches Landesamt 2016, 18). Auf 100 Personen im erwerbsfähigen Alter werden 97,2 Personen im Jahre 2035 kommen, die noch nicht oder nicht mehr erwerbstätig sind. Kein anderes deutsches Bundesland hat einen höheren Abhängigenquotienten (Deschermeier 2017, 75). Die Folgen für die Verfügbarkeit von Arbeits- und Fachkräften, Wirtschafts- und Infrastruktur, Gesundheitsversorgung, Freizeit- oder Kulturangebote begründen einen „Teufelskreis aus Verschuldung, Wachstumsschwäche, Arbeitslosigkeit und Abwanderung" (Fink u.a. 2019, 4).

Der Landkreis Mansfeld-Südharz weist die stärkste demografische Veränderung des Landes auf. 2016 war nur noch jede/r zehnte/r Einwohner/in unter 18 Jahre alt, während jede/r Dritte älter als 65 Jahre war. Aufgrund „negativer Kontinuität" (Leibert 2012, 7) wird der Kreis „2030 mit einem Durchschnittsalter von 52,3 Jahren die älteste Bevölkerung in Sachsen-Anhalt haben" (Statistisches Landesamt 2016, 23).

Eine alternde Bevölkerung benötigt eine intensive Gesundheitsversorgung. Doch seit 2012 fehlt in erheblichem Umfang Personal. Eine betriebswirtschaftlich darstellbare Versorgung wird in Teilen des Landes nicht möglich sein (Landesregierung 2012, 11 f.). Vakanzzeiten, d.h. die Zeit von der Meldung freier Arbeitsstellen bis zu deren Besetzung oder Abmeldung, stiegen in Gesundheitsberufen landesweit von 2012 bis 2018 von 75 auf 118 Tage bzw. um 62 % (Bundesagentur für Arbeit 2012; 2019). Für 2035 wird der ungünstigste Altersquotient erwartet und der Mangel an Pflegepersonal wird dramatisch sein. Allerdings dauern nötige Aus- und Weiterbildungen oder Sprachkurse eingewanderter Arbeitskräfte ungefähr fünf Jahre (Baluyot 2014). Und auch eine – bislang fehlende – stimmige und glaubwürdige Einwanderungspolitik erfordert Vorlauf.

Zudem sind Besonderheiten eines dünn besiedelten Flächenlandes wie auch regionale Spezifika zu berücksichtigen, wenn erfolgversprechende Strategien zur Anwerbung und Bindung von Fachkräften als Grundlage wirtschaftlicher Belebung entwickelt werden sollen (Hüther u.a. 2019, 281). Im von kleinteiligen Siedlungsstrukturen geprägten Sachsen-Anhalt verdichten sich negative Strukturmerkmale: fehlende Arbeitskräfte, wenig Hochqualifizierte, Altersarmut, unterdurchschnittliche Lebenserwartung, Einkommen und Wahlbeteiligung, schwer erreichbare Hausärzt/innen, eine überdurchschnittliche kommunale Verschuldung und Abwanderung sowie eine schlechte Breitbandversorgung (Fink u.a. 2019, 10).

Besonderheiten von Dörfern und Kleinstädten

Trotzdem wird das Leben in metropolfernen Räumen von Ortsansässigen nicht grundsätzlich als schlecht wahrgenommen, weil es sich in mancher Hinsicht positiv von dem unterscheidet, was Städter/innen gut finden (Henkel 2014; Sixtus u.a. 2019). Je kleiner Kommunen sind, desto überschaubarer ist die Nachbarschaft. Die fehlende Anonymität führt zu einem höheren Maß an sozialer Kontrolle und Normendurchsetzung: Grußpflicht, Nachbarschaftshilfe, Mülltrennung, Kehrwoche, Gartenpflege oder die Achtung der Mittagsruhe werden oft direkt und unmittelbar eingefordert (vgl. Ostrom 1999). Charakteristisch sind auch Naturbezug, Ruhe, saubere Umwelt oder Entschleunigung. Feste strukturieren das Jahr und dienen der Selbstvergewisserung und der Pflege sozialer Kontakte.

In alternden Dörfern ändert sich dieser Rahmen. Bewohner/innen verlieren Austausch, Gemeinschaftserlebnisse und Zusammenhalt, wenn Verwaltungen zentralisiert und abgezogen werden, Arztpraxen, Gast- und Gemeinschaftshäuser oder Dorfläden schließen und junge Menschen fortziehen (Siegert 2018; Henkel 2014, 104). Diese Entwicklung spüren u.a. Fußballvereine, die auf die Dramatik in Sachsen-Anhalt aufmerksam machten (Fußballverband 2018). Vereine sichern ehrenamtliche Strukturen auf dem Land und stärken das soziale Kapital, indem sie Normen, Werte, Disziplin und Respekt vermitteln (Putnam/Goss 2001, 22). Daraus entsteht Vertrauen, das wirtschaftliche Entwicklung und politische Stabilität fördert (Hannemann 2002; Baglioni u.a. 2007, 235 ff.).

In einem Projekt des Fußballverbands mit partizipativer Bürgerbeteiligung nannten Experten folgende regional relevanten Themen: Mängel bei Mobilität und Infrastruktur, unzureichende Ressourcen sowie mangelnder Austausch zwischen Bevölkerung und Entscheidungsträgern. Auch Probleme in der Gewinnung und Bindung von Ehrenamtlichen, unzureichendes Wissen (Wie werden soziale/sprachliche Unterschiede zwischen Sportlern bewältigt? Wie lässt sich die Integration – definiert nach OECD (2018, 17) – von Zugewanderten fördern? Welche Kooperationsstrukturen zwischen zivilgesellschaftlichen Organisationen sind erforderlich oder möglich?) oder fehlende politische Anerkennung des Ehrenamtes wurden erwähnt.

Hüther u.a. (2019, 269) verweisen auf die Bedeutung bürgerschaftlichen Engagements für eine erfolgreiche Regionalentwicklung und darauf, dass es für Kommunen wichtig ist „die erforderlichen Gelegenheits- und Ermöglichungsstrukturen zu schaffen" (vgl. auch Sixtus u.a. 2019). Doch diese Rahmenbedingungen fehlen bei einer überalterten Bevölkerung, vielen Ein- und Auspendlern sowie hoher kommunaler Verschuldung und ungenügender Personalausstattung. Eine „aktivierende staatliche Politik, die (...) auf der kommunalen Ebene ansetzen muss" (Hüther u.a. 2019, 269) müsste also auf unterschiedlichen Feldern und parallel aktiv werden, da eine zentralisierte Infrastruktur die Entvölkerung metropolferner Regionen fördert (Leibert 2012, 6).

Fink u.a. (2019, 15 f.) regen an, die Kommunalfinanzierung auf Basis von Indikatoren neu zu justieren, differenzierte und nachhaltige Förderstrukturen zu entwickeln und dezentrale Verwaltungsstrukturen zu fördern (ebd.; Hüther u.a. 2019, 279). Auch muss Zuzug durch den (Wieder-)Aufbau von zielgruppenspezifischer und dezentraler Infrastruktur wie Bildungseinrichtungen, Kindergärten, Verwaltungen unter aktiver Beteiligung der Bevölkerung ermöglicht werden (Siegert 2018). Um Migrant/innen nachhaltig anzusiedeln, bedarf es zudem weitergehender Angebote der Bildung (z.B. Sprach-, Integrations-, Ausbildungsvorbereitungskurse), administrativer (z.B. Anerkennung von Abschlüssen), rechtlicher (z.B. Migrations-/Arbeitsrecht) oder medizinischer (z.B. Traumatherapie) Unterstützung in metropolfernen Regionen.

Das erfordert ganzheitliche Politikansätze. Aber interministeriell und interdisziplinär zu arbeiten, erweist sich als oft unüberwindbare Hürde der Landespolitik: Schulschließungen führen zur Aufgabe der Jugendfeuerwehren oder dem Verlust spielfähiger Mannschaften lokaler Sportvereine. Reduzierter und teurer öffentlicher Nahverkehr macht es sozial Benachteiligten schwer, gesellschaftlichen Anschluss zu halten oder Arbeitsangebote anzunehmen. Fehlendes Personal in Kommunalverwaltungen führt zu Überlastung und bürgerferner Verwaltung.

Anwerbung und Integration Geflüchteter in Hettstedt

Menschen, die sich über lange Jahre kennen und einander vertrauen, sind in metropolfernen Regionen Grundlage von Entwicklung (Danielzyk 2019, 23). Mit ihren Netzwerken müssen sie in den Mittelpunkt von Gegenstrategien gestellt werden (ebd.), und sie bedürfen kommunaler Unterstützung, z.B. durch Aufbereitung und Bereitstellung von Informationen, Koordination sowie verlässlicher personeller und finanzieller Mittel (Hüther u.a. 2019, 271 f.). Das erfordert „kooperative Lösungen und neue Finanzierungsmodelle", die insbesondere Räumen im demografischen Umbruch helfen (Hüther u.a. 2019, 272).

Auch ist Zuzug zu fördern, weil vielerorts nur noch Einwanderung lindernd wirkt, aber öffentliche Diskussionen um Notwendigkeit, Wege oder Strukturen erforderlich sind. Ohne Zuzug werden Haushaltshilfen, Handwerker/innen, Ärzt/innen oder Pflegekräfte fehlen. Hüther u.a. (2019, 12) verweist auf schwerwiegende gesamtgesellschaftliche Folgen bei ausbleibender Gegensteuerung. Diskussionen vor Ort sind wichtig, um das aktive Engagement in der Aufnahmegesellschaft zu fördern. Sie ist entscheidendes Element der Integration und hat große Auswirkungen auf die Lebensqualität von Migrant/innen (OECD 2018, 115) – und ihre Bereitschaft zu bleiben.

Jetzige Rahmenbedingungen fördern die Niederlassung von Eingewanderten in städtischen Räumen (OECD 2018, 40), und so verbleiben Kleinstädte und Landgemeinden „(...) im Schatten der Großstädte. Eine eigenständige Entwicklung wird ihnen kaum zugetraut. Dies wird Betroffenen aber nicht gerecht, denn so werden bedeutende endogene Entwicklungen übersehen, die nicht im direkten Zusammenhang mit der Großstadt stehen" (Danielzyk 2019, 71).

Hettstedt ist eine im Landkreis Mansfeld-Südharz gelegene Kleinstadt mit der Funktion eines Unterzentrums. Sie ist von Schrumpfung, Überalterung und Vermännlichung geprägt (Leibert 2019, 41). Zur Förderung des kommunalen Ziels, Bevölkerungszuwachs durch die nachhaltige Niederlassung Geflüchteter zu erreichen, wurden in Hettstedt rudimentäre Ansätze betrieblichen Veränderungsmanagements verfolgt: Ziele wurden bestimmt, Veränderungsnotwendigkeiten mit Akteuren diskutiert, benötigte Ressourcen bestimmt und Maßnahmen umgesetzt. Zur Vorbereitung öffentlicher Diskussionen wurden Daten erhoben, die die Konsequenzen des Bevölkerungsrückgangs verdeutlichen: Entwicklung von Trink-/Abwasserpreisen, Schulentwicklung, Wohnungsleerstand, fehlende Sportmannschaften, reduzierte Einsatzbereitschaft der Feuerwehren und das

Durchschnittsalter ortsansässiger Ärzte. Drei Szenarien wurden berechnet: die Entwicklung der Einwohnerzahlen, wie vom Statistischen Landesamt prognostiziert, und Veränderungen, die sich bei jährlicher Nettozuwanderung von 100 oder 200 Personen ergeben (Siegert u.a. 2015). Angesichts knapper Ressourcen ging der Bürgermeister engpasskonzentriert vor. Mit wenigen Mitteln sollte ein öffnendes Klima geschaffen werden:

- Der Bürgermeister bekannte sich zur Öffnung der Stadt und warb aktiv dafür.

- Vereine wurden ermutigt, Begegnungsmöglichkeiten zu schaffen und zu pflegen. Dabei wurden sie, wie auch Migrant/innen, konzeptionell in Stadtplanungen eingebunden und unterstützt.

- Die berufliche Integration Geflüchteter in öffentlich sichtbaren Einrichtungen (z.B. Kindertagesstätten, Freiwilligen Feuerwehren) wurde vorbereitet.

- Der Bürgermeister organisierte persönliche Stadtführungen für Eingewanderte und Ortsansässige.

- Die Eröffnung eines arabischen Lebensmittelladens wurde unterstützt, den auch Ortsansässige gut annehmen.[1]

Wichtig war dem Bürgermeister, der Bevölkerung in Zeiten des Wandels Orientierung zu geben, Verständnis für sie zu haben, Verbindendes zu betonen und auf moralische Appelle zu verzichten. Während andere Kommunen der Region weiter überdurchschnittlich an Bevölkerung verloren, gelang es Hettstedt, die Einwohnerzahlen zu konsolidieren (Statistisches Landesamt Sachsen-Anhalt 2018): Sank die Einwohnerzahl von 1990 bis 2014 durchschnittlich um 1,86 % (320 Einwohner/innen pro Jahr), waren es in den Jahren 2015/16 nur noch 40 Einwohner/innen (0,18 %).

In einem Folgeprojekt wurde erhoben, was für Ortsansässige und Zugewanderte wichtig ist, um in der Region zu bleiben. Befragungsergebnisse (Ketzmerick 2018) zeigen, dass soziale Bezüge vor Ort geschätzt werden, aber immer noch viele Ortsansässige an Abwanderung denken und fehlende Mitwirkungsmöglichkeiten vor Ort bemängelten. Um die abwanderungsbereite Bevölkerung zu halten, sind v.a. die Bedürfnisse junger Menschen und Eltern bei der Infrastrukturentwicklung zu berücksichtigen. Kinderspielplätze, Sportanlagen und sonstige Freizeitangebote sind häufig relevanter als ein altersgerechter Umbau. Auch waren Infrastruktur, städtisches Erscheinungsbild und Berufsperspektive für Zugewanderte wie für Ortsansässige wichtig (ebd.). Gerade für Migrant/innen verbessert ihre soziale Einbettung die Chancen auf eine Arbeitsvermittlung (Brücker u.a. 2014), wobei eng ausgelegte Ermessensspielräume bei der Gewährung

---

1 Weitere Maßnahmen waren geplant, konnten aber durch den plötzlichen Tod des Bürgermeisters nicht umgesetzt werden.

von Ausbildungs- und Arbeitserlaubnissen sowie mangelhafte oder unzuverlässige Datenerhebungen der Kommunen hinderlich sind (Landesregierung 2019).

Landkreis/Kreisfreie Stadt	Asylantragsteller, Personen mit Abschiebungsverbot/Duldung	davon mit Arbeits-/Ausbildungserlaubnis	Quote (%)
Altmarkkreis Salzwedel	488	413	84,6
Burgenlandkreis	759	215	28,3
Dessau-Roßlau	967	*	*
Landkreis Anhalt-Bitterfeld	942	*	*
Landkreis Börde	516	*	*
Halle/S.	1774	813	45,8
Landkreis Harz	1260	*	*
Landkreis Jerichower Land	358	*	*
Landeshauptstadt Magdeburg	1700	*	*
Landkreis Mansfeld-Südharz	656	*	*
Landkreis Saalekreis	833	*	*
Salzlandkreis	930	*	*
Landkreis Stendal	475	505	106,3
Landkreis Wittenberg	675	697	103,3

Tab. 1: Personen mit Arbeits-/Ausbildungserlaubnis nach Kreis zum 31. Dezember 2018 (*Auskünfte waren unvollständig oder fehlerhaft; Landesregierung 2019)

Geduldete sowie Asylantragsteller/innen und Personen mit Abschiebeverbot benötigen zum Arbeits- oder Ausbildungsbeginn eine Genehmigung der Kommunen ihres Wohnorts. Erkennbar werden aus Tabelle 1 – unter Annahme vergleichbarer soziodemografischer Strukturen – regionale Unterschiede im Verwaltungshandeln. Die Daten zeigen zudem gravierende Erhebungslücken und -mängel bei einem gesellschaftlich wichtigen Thema. Damit sind Schlussfolgerungen und politische Steuerung eingeschränkt bzw. diese Mängel sind das Ergebnis unzureichender politischer Lenkung.

Unterschiede in der Rechtsanwendung zeigen sich z.B. beim Anteil erteilter Ausbildungsduldungen auf Kreisebene (vgl. Abb. 1). Erkennbar haben kommunale Daten keinen systematischen Zusammenhang und zeigen Fehler und unerklärliche Differenzen des Verwaltungshandelns. Zu klären ist, ob oder welche anderen, eventuell externen Faktoren (angebotene Ausbildungs-/Arbeitsplätze, vorhandene/fehlende Unterstützung oder soziodemografische Strukturen Anspruchsberechtigter usw.) Erklärungen liefern. Diese Punkte zu klären ist gerade für die erfolgreiche Anwerbung und Integration von Zugewanderten in ländlichen Regionen wichtig. Denn gefühlte oder tatsächliche Ungleichbehandlung ist ein relevantes Integrationshemmnis für Zugewanderte (Shamir 2012), das von der Aufnahmegesellschaft zu verantworten ist.

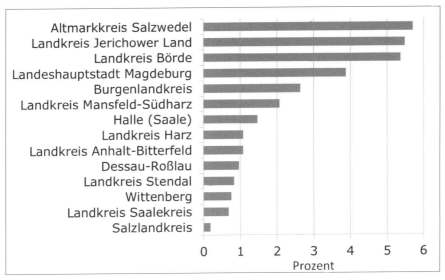

Abb. 1: Quote erteilter Ausbildungs-Duldungen nach Kreisen (Anteil erteilter Ausbildungsduldungen an der durchschnittlichen Zahl von Asylantragstellern und Personen mit Abschiebungsverbot im Zeitraum 8/2016–4/2019; Landesregierung Sachsen-Anhalt 2019)

Fazit

Disparitäten in der Entwicklung von Stadt und Land auszugleichen, Folgen der demografischen Krise in metropolfernen Regionen zu lindern und Zuwanderung zu ermöglichen sind dringend zu diskutierende Themen unserer Gesellschaft. Erkennbar bestehen Wissenslücken und Vollzugsdefizite in Fragen sozialräumlicher Strukturen, der Migration, Integration oder Wirtschaftsentwicklung. Zu sehr wurde bisher die Zentralisierung der Verwaltung forciert und lokalen Entscheidern Ressourcen entzogen. Gleichzeitig konnten Zentren oft keine lokal verankerten Lösungen finden. Sie förderten so die Landvertreibung der Jungen und Ausgebildeten und verschärften damit Unwuchten zwischen Stadt und Land.

Eine erfolgversprechende Gegensteuerung erfordert vielfältige strukturelle Änderungen durch andere Formen der Daseinsvorsorge und Bürgerbeteiligung, Dezentralisierung von Verwaltung und Stärkung lokaler Ressourcen. Insbesondere sind ganzheitliche Politikansätze erforderlich, um mit einer stimmigen Einwanderungspolitik die Folgen demografischer Krisen in metropolfernen Regionen zu lindern.

Literatur

Baglioni, S./Denters, S./Morales, L./Vetter, A. (2007): City size and the nature of associational ecologies, in: Maloney, W. A./Rossteutscher, S. (Hrsg.): Social Capital and Associations in European Democracies. A comparative analysis, London/New York, S. 224–243.

Baluyot, C. (2014): Integration von ausländischen Pflegefachkräften in die stationäre Altenpflege Norwegens, in: Tewes, R./Stockinger, A. (Hrsg.): Personalentwicklung, Berlin/Heidelberg, S. 151–164.

Brücker, H./Liebau, E./Romiti, A./Vallizadeh, E. (2014): Arbeitsmarktintegration von Migranten in Deutschland. Anerkannte Abschlüsse und Deutschkenntnisse lohnen sich. IAB-Kurzbericht 21.3.2014, Nürnberg.

Bundesagentur für Arbeit (2019): Gemeldete Arbeitsstellen nach Berufen (Engpassanalyse, Monatszahlen). Berichte: Analyse Arbeitsmarkt. Sachsen-Anhalt. Februar 2019, Nürnberg.

Bundesagentur für Arbeit (2012): Analyse der gemeldeten Arbeitsstellen nach Berufen (Engpassanalyse)(KldB 2010). Analytikreport der Statistik. Sachsen-Anhalt. Februar 2012, Nürnberg

Danielzyk, R./Friedsmann, P./Hauptmeyer, C.-H./Wischmeyer, N. (2019): Erfolgreiche metropolferne Regionen. Das Emsland und der Raum Bodensee-Oberschwaben, Ludwigsburg.

Deschermeier, P. (2017): Bevölkerungsentwicklung in den deutschen Bundesländern bis 2035, IW-Trends 3.2017, Köln.

Fink, P./Hennicke, M./Tiemann, H. (2019): Ungleiches Deutschland: Sozioökonomischer Disparitätenbericht 2019, Bonn.

Fußballverband Sachsen-Anhalt (2018): Positionspapier, https://www.fsa-online.de/upload/Service/Downloads/weitereDokumente/Positionspapier_zur_Frderung_des_lndlichen_Raumes.pdf (7. November 2018).

Hannemann, C. (2002): Miteinander Kegeln: Soziales Kapital in ostdeutschen Kleinstädten, in: Haus, M. (Hrsg.): Bürgergesellschaft, soziales Kapital und lokale Politik: Theoretische Analysen und empirische Befunde, Opladen, S. 255–273.

Henkel, G. (2014): Das Dorf. Landleben in Deutschland – gestern und heute, Bonn.

Hüther, M./Südekum, J./Voigtländer, M. (Hrsg.) (2019): Die Zukunft der Regionen in Deutschland. Zwischen Vielfalt und Gleichwertigkeit, Köln.

Ketzmerick, T. (2018): Ergebnisse der Bevölkerungsbefragung zu regionalen Bleibe- und Abwanderungsfaktoren in Eisleben und Hettstedt, in: Siegert, A. (Hrsg.): Demografischer Wandel und die Entwicklung ländlicher Räume. Eine Zusammenfassung und Erweiterung der Schriftenreihe „anKommen–willKommen". Forschungsberichte aus dem zsh 19-02, Halle/S., S. 102–123.

Landesregierung Sachsen-Anhalt (2019): Antwort auf die Kleine Anfrage vom 02.05.2019, LT-Drs. KA 7/2577.

Landesregierung Sachsen-Anhalt (2012): Bedeutung der Gesundheitswirtschaft für Sachsen-Anhalt, Drs. 6/1731 vom 20.12.2012, Magdeburg.

Leibert, T. (2012): Die demographische Entwicklung Sachsen-Anhalts 1990–2011 in lokaler, regionaler und nationaler Perspektive, Leipzig.

OECD (2018): Zusammen wachsen. Integration von Zuwanderern: Indikatoren 2018, Paris.

Ostrom, E. (1999): Die Verwaltung der Almende, Tübingen.

Putnam, R. D./Goss, K. (2001): Einleitung, in: Putnam, R. D. (Hrsg.): Gesellschaft und Gemeinsinn, Gütersloh, S. 15–43.

Shamir, J. (2012): The legal culture and migration: structure, antecedents and consequences, Dissertation, School of Law of Stanford University.

Siegert, A. (2018): Kommunalpolitische Situationen und Möglichkeiten, in: Siegert, A. (Hrsg.): Demografischer Wandel und die Entwicklung ländlicher Räume. Eine Zusammenfassung und Erweiterung der Schriftenreihe „anKommen–willKommen". Forschungsberichte aus dem zsh 19-02, Halle/S., S. 124–135.

Siegert, A./Ketzmerick, T./Ohliger, R. (2015): Menschen gewinnen, Migration ermöglichen, demografischen Wandel in Sachsen-Anhalt gestalten. Handbuch. Forschungsberichte aus dem zsh 15-02, Halle/S.

Sixtus, F./Slupina, M./Sütterlin, S./Amberger, J./Klingholz, R. (2019): Teilhabeatlas Deutschland. Ungleichwertige Lebensverhältnisse und wie die Menschen sie wahrnehmen, Berlin.

Statistisches Landesamt (2019): https://statistik.sachsen-anhalt.de/themen/bevoelkerung-erwerbstaetigenrechnung-mikrozensus-evs/bevoelkerung/tabellen-bevoelkerung/#c208518 (25. August 2019).

Statistisches Landesamt (2018): Kundenspezifische Auswertung vom 30.07.2018, Halle/S.

Statistisches Landesamt (2016): 6. Regionalisierte Bevölkerungsprognose Sachsen-Anhalt. Annahmen und Ergebnisse, Halle/S.

Statistisches Landesamt (2008): Bevölkerung und Erwerbstätigkeit. Bevölkerung und Natürliche Bevölkerungsbewegung 1990–2007. Statistische Berichte A I, A II j/07, Halle/S.

Ansgar Drücker

Zivilgesellschaftliche Initiativen gegen rechte Akteure im ländlichen Raum

Rechtsextremismus wird gern verkürzt in Ostdeutschland und auf dem Lande verortet, zivilgesellschaftliches Engagement gegen Rechtsextremismus hingegen in Westdeutschland und in städtisch geprägten Räumen. Die Wirklichkeit ist vielfältiger. Zwei Bundesprogramme unterstützen die Arbeit vor Ort.

Rechte Akteure und Projekte gegen Rechts im ländlichen Raum

Die häufig preisgünstigeren Wohnmöglichkeiten, die Möglichkeit zur unauffälligeren Vernetzung und in Einzelfällen auch das gemeinsame Wohnen von rechten Kommunen, Netzwerken oder Reichsbürger/innen macht den ländlichen Raum für extrem Rechte attraktiv. Insbesondere in strukturschwachen ländlichen Räumen kommt es zu einer überdurchschnittlichen Abwanderung qualifizierter junger Menschen und einem subjektiven Überforderungsgefühl vieler verbleibender Menschen durch den rasanten gesellschaftlichen und sozialen Wandel. Zudem ist der Männeranteil – Männer sind noch immer die Hauptproblemgruppe für extrem rechte Einstellungen und Handlungen – gerade in den strukturschwachen ländlichen Regionen aufgrund der starken Abwanderung vor allem junger Frauen signifikant höher. Die soziale Nähe auf dem Lande trägt durch einen hohen Konformitätsdruck zu einer Tendenz zur Verharmlosung oder zum Verschweigen extrem rechter Positionen bei und kann auch ausgrenzend gegenüber Engagierten gegen Rechts wirken, die die vermeintliche Ruhe und Harmonie zu stören scheinen. In regelmäßig durchgeführten Befragungen zu menschenfeindlichen Einstellungen zeigen sich auf dem Lande im Durchschnitt höhere Abwertungstendenzen in den verschiedenen Bereichen gruppenbezogener Menschenfeindlichkeit.

Insbesondere die zunehmende Verbreitung der sozialen Medien hat in den letzten zehn Jahren die Szenerie auf dem Lande auf beiden Seiten grundlegend verändert und zu einer stärkeren Polarisierung beigetragen: Sowohl extrem Rechte als auch ihre Kontrahent/innen können sich gerade auf dem Lande wirkungsvoller vernetzen. Dies hat auch im kleinstädtischen Bereich zur Gründung einer Vielzahl von Initiativen und Netzwerken gegen Rechtsextremismus geführt. Ein wichtiger Nebeneffekt ist ein wesentlich effektiveres Monitoring extrem rechter Umtriebe durch zunehmenden Informationsaustausch neben der oft immer noch zurückhaltenden Lokalpresse.

Projekte gegen Rechts im ländlichen Raum richten sich häufig an junge Menschen und unterstützen sie dabei, Bleibeperspektiven zu entwickeln und ihnen eine Stimme bei der Mitgestaltung ihrer Region zu geben. Auch wird zunehmend die Situation junger Menschen in den Blick genommen, die rechtsextreme Einstellungen von Eltern oder älteren Geschwistern sowie aus dem sozialen und schulischen Umfeld ggf. zunächst unkritisch übernehmen, denn in einigen Regionen nimmt die Normalisierung extrem rechter Einstellungsmuster zu. Modellprojekte vernetzen Vereine, Verbände, Jugendclubs, Initiativen und Bildungseinrichtungen und beziehen dabei auch etablierte Träger wie Kirchengemeinden, Feuerwehren und Sportvereine ein, die teilweise selbst mit Mitgliedern mit extrem rechten Einstellungsmustern zu kämpfen haben.

Hinzu kommt eine Idealisierung des Lebens auf dem Lande durch extrem Rechte. Das Land wird als unverdorbene Heimat, Schutz vor den Überforderungen der Moderne und Sehnsuchtsort für eine heile und homogene sowie überschaubare Welt geframed, gelegentlich aufgeladen mit Blut-und-Boden-Ideologie oder ausgrenzenden Heimatbildern. Selbst die jugendkulturell eher modern agierenden Identitären arbeiten mit einer Idealisierung von Natur und Heimat.

Ansgar Drücker
ist Geschäftsführer des bundesweit tätigen Informations- und Dokumentationszentrums für Antirassismusarbeit e.V. (IDA), Düsseldorf.
E-Mail: ansgar.druecker@idaev.de

Durch die zunehmende Normalisierung extrem rechter Weltbilder und ihre zunehmende Verbreitung auch in Wahlkämpfen – derzeit vor allem durch die AfD – gewinnen diese an Sichtbarkeit und Geltung, was wiederum ihre weitere Normalisierung befördert. Plötzlich drohen die bisher aus der Mitte der Zivilgesellschaft unterstützten Initiativen und Bündnisse gegen Rechts an Zustimmung zu verlieren und marginalisiert zu werden, unter Umständen unter Zuhilfenahme eines konstruierten Vorwurfs, sie seien linksextrem.

Die Bundesprogramme „Demokratie leben!" und „Zusammenhalt durch Teilhabe"

Das beim Bundesministerium für Familie, Senioren, Frauen und Jugend (BMFSFJ) angesiedelte Bundesprogramm ist derzeit mit ca. 120 Millionen Euro pro Haushaltsjahr ausgestattet. Einer der Schwerpunkte der laufenden Förderperiode (2015 bis 2019) ist die „Demokratiestärkung im ländlichen Raum" (vgl. www.demokratie-leben.de). Im Rahmen der Förderung der Strukturentwicklung zum bundeszentralen Träger wurde zum einen das Bundesnetzwerk Bürgerschaftliches Engagement (BBE) mit dem gleichnamigen Aufgabenschwerpunkt betraut (vgl. www.b-b-e.de/themen/demokratiestaerkung). Zum anderen wurden mehrere Modellprojekte mit speziellem Bezug zum ländlichen Raum gefördert – sieben der neun Projekte sind in Ostdeutschland angesiedelt.[1]

Für die Förderperiode 2020 bis 2024 ist eine spezielle Förderung von Projekten im ländlichen Raum nicht mehr vorgesehen und auch die genannte Förderung der Strukturentwicklung zum bundeszentralen Träger entfällt. Daher sind derzeit noch keine Aussagen über die Positionierung des Themas und Handlungsfeldes „Ländlicher Raum" für diesen Zeitraum möglich. Auch die Ausschreibung der Förderung von Kompetenzzentren und Kompetenznetzwerken auf Bundesebene enthält in ihren 13 Schwerpunktbereichen keinen ausdrücklichen Bezug zum ländlichen Raum. Denkbar ist jedoch, dass einzelne – auch bisher in diesem Bereich engagierte – Antragsteller den ländlichen Raum oder ausgewählte ländliche Regionen im Rahmen der Förderung von Modellprojekten in den Blick nehmen. Hierzu liegen jedoch noch keine öffentlich zugänglichen Erkenntnisse vor (Stand: August 2019).

Ein wichtiges Förderinstrument, das auch im ländlichen Raum sichtbar wird, sind die Partnerschaften für Demokratie, die die größte Fördersumme aller Säulen des Bundesprogramms auf sich vereinen. Sie sind bei Städten, Landkreisen oder anderen kommunalen Zusammenschlüssen angesiedelt und als strukturell angelegte lokale bzw. regionale Bündnisse im Zusammenwirken von Kommunen und Zivilgesellschaft konzipiert. Ziel ist die Entwicklung einer lokal bzw. regional angepassten Strategie, in der zivilgesellschaftliche Träger von Vereinen über Kirchen bis zu Bündnissen gegen Rechts zentrale Aufgaben übernehmen. Auch in der neuen Förderperiode liegt hier ein finanzieller Schwerpunkt. Weder die Mittel noch der politische Wille vor Ort reichen jedoch für eine flächendeckende Verbreitung der Partnerschaften für Demokratie aus – mit Ausnahme von Thüringen, wo diese durch eine Koförderung des Freistaats gesichert wird.

Das beim Bundesministerium des Innern, für Bau und Heimat (BMI) angesiedelte Förderprogramm „Zusammenhalt durch Teilhabe" setzt ausdrücklich einen Schwerpunkt auf ländliche und strukturschwache Regionen und fördert dort Projekte für demokratische Teilhabe und gegen Extremismus (vgl. www.zusammenhalt-durch-teilhabe.de). Das Programm ist derzeit mit 12 Millionen Euro jährlich ausgestattet und tritt ebenfalls in Kürze in eine neue Förderperiode ein, die erstmals mit dem Förderzeitraum des korrespondierenden Bundesprogramms von 2020 bis 2024 synchronisiert ist. Es richtet sich insbesondere an regional verankerte Vereine, Verbände und Multiplikator/innen und setzt einen Schwerpunkt auf Prävention vor extremistischen Gefährdungen, die sich von innen und außen auf Verbände und Vereine richten. Wesentliche Mittelempfänger sind ohnehin im Bereich des BMI angesiedelte Verbände wie der Deutsche Olympische Sportbund mit der Deutschen Sportjugend, das Technische Hilfswerk und die Feuerwehren. Im Laufe der Jahre sind weitere Verbände hinzugekommen, die in den Bundesländern Demokra-

---

1 Vgl. die Auflistung unter https://www.demokratie-leben.de/bundesprogramm/ueber-demokratie-leben/ausgewaehlte-phaenomene-gruppenbezogener-menschenfeindlichkeit-und-zur-demokratiestaerkung-im-laendlichen-raum.html#c9863 (20. August 2019).

tieberater/innen, Stärkenberater/innen o.Ä. aus den und für die Verbände ausbilden und diese Aktivitäten innerhalb der Verbände auch bundesweit koordinieren und vernetzen.

Verstärkte Auseinandersetzung mit Rechtspopulismus

Durch die Präsenz der AfD in allen Landtagen, im Deutschen Bundestag und in zahlreichen Kommunalparlamenten ist die rechtspopulistische Partei stärker ins Blickfeld vieler Initiativen gegen Rechts auch im ländlichen Raum geraten. Viele der (potenziellen) Direktmandate holt bzw. kann die AfD in ländlich geprägten Wahlkreisen holen, vor allem in Ostdeutschland. Dies verändert die politische Kultur, verängstigt Angehörige von diskriminierten oder von der AfD angegriffenen oder diskreditierten Gruppen (Geflüchtete, Menschen mit [familiärer] Migrationsgeschichte, LSBTIQ*, Linke etc.). Zudem erschwert es die Arbeit von Initiativen und Bündnissen gegen Rechts, da ihre Arbeit nicht nur kritisch hinterfragt, sondern von der AfD bekämpft, diskreditiert und skandalisiert wird. Ausgerechnet die AfD argumentiert dabei mit der politischen Neutralität, der viele der Initiativen und Bündnisse gegen Rechts vermeintlich verpflichtet seien, sobald sie staatliche Mittel empfangen. Tatsächlich können staatliche Mittel nicht für den direkten Kampf gegen eine nicht verbotene politische Partei eingesetzt werden; eine sachliche und an den Grund- und Menschenrechten orientierte Auseinandersetzung mit ihren Inhalten ist jedoch zulässig. Für Vielfalt, Menschenrechte und gegen Diskriminierung sowie andere sich aus dem Grundgesetz ergebende Ziele kann eine staatliche Förderung sehr wohl eingesetzt werden – und dies erscheint auch und gerade auf dem Lande nötiger denn je, da Strukturen und Bündnisse gegen Rechts oft erst noch aufgebaut bzw. gestärkt werden müssen.

Die Fachzeitschrift „**Archiv für Wissenschaft und Praxis der sozialen Arbeit**" erscheint vierteljährlich als in sich geschlossene Themenhefte. Folgende Ausgaben können Sie noch bestellen:

- 3/2019: Kinderarmut bekämpfen – Armutskarrieren verhindern
- 2/2019: Soziale Arbeit in der digitalen Transformation
- 1/2019: Das Bundesteilhabegesetz zwischen Anspruch und Umsetzung
- 4/2018: Existenzminimum oder Teilhabe? Weiterentwicklung des Sozialhilfesystems
- 3/2018: Wirkungsorientierung in der Sozialen Arbeit
- 2/2018: Vielfalt und Zusammenhalt: Herausforderungen für die Soziale Arbeit
- 1/2018: Kinder- und Jugendhilfe: Impulse für den weiteren Reformprozess
- 4/2017: Menschen mit psychischen Erkrankungen: Ausschluss oder Teilhabe?
- 3/2017: Umsetzung der Pflegereform vor Ort
- 2/2017: Strategien gegen Altersarmut
- 1/2017: Kommunale Sozialplanung vor neuen Aufgaben
- 4/2016: Langzeitarbeitslosigkeit: Auswege aus der Sackgasse
- 3/2016: Qualität in der Kindertagesbetreuung: ein Zwischenzeugnis
- 2/2016: Vereinbarkeit von Beruf, Familie und Pflege – eine Frage der Zeit?
- 1/2016: Neue Ansätze in der Suchthilfe
- 4/2015: Grenzen überwinden: Perspektiven für die Integration Geflüchteter
- 3/2015: Wie gelingt der Übergang Schule – Beruf?
- 2/2015: Mediatisierung der Kinder- und Jugendhilfe
- 1/2015: Was brauchen Menschen mit Demenz?
- 4/2014: Beratung im Jobcenter
- 3/2014: Neuordnung der Leistungen für Menschen mit Behinderung
- 2/2014: Partizipation in der sozialen Arbeit: Alibi oder Empowerment?
- 1/2014: Profil und Position der Schulsozialarbeit
- 4/2013: Häusliche Gewalt gegen Frauen: Lücken im Hilfesystem
- 3/2013: Inklusion in der Diskussion *(vergriffen)*
- 2/2013: Die Zukunft der freien Wohlfahrtspflege
- 1/2013: Wohnungslosenhilfe vor neuen Herausforderungen
- 4/2012: Soziale Berufe zwischen Fachkräftemangel und Akademisierung
- 3/2012: Häusliche Pflege: Arrangements und innovative Ansätze
- 2/2012: Wege aus dem Bildungsdilemma
- 1/2012: Diversity Management und soziale Arbeit
- 4/2011: Aktuelle Entwicklungen in der Schuldnerberatung
- 3/2011: Neue Technologien im Gesundheits- und Pflegebereich
- 2/2011: Lebenslage Alleinerziehend – wo ist das Problem?
- 1/2011: Was bringt das Kinderbildungspaket? *(vergriffen)*
- 4/2010: Diagnose und Diagnostik in der sozialen Arbeit *(vergriffen)*
- 3/2010: Eingliederungshilfe und Pflege: aktuelle Anstöße und Ansätze
- 2/2010: Die Kategorie "Geschlecht" in der Kinder- und Jugendhilfe
- 1/2010: Leistungen für Unterkunft und Heizung – was ist angemessen?
- 4/2009: Armut und soziale Ausgrenzung
- 3/2009: Wohin treibt die Sozialwirtschaft? Ordnung, Steuerung, Perspektiven
- 2/2009: Familienpolitik auf dem Prüfstand
- 1/2009: Ein Jahr Rechtsanspruch auf Persönliche Budgets

Vorankündigung

Liebe Leserinnen und Leser,

die nächste Ausgabe des „Archivs für Wissenschaft und Praxis der sozialen Arbeit" erscheint im Februar 2020. Sie hat zum Thema:

Neue Formen von Elternschaft und Familie

Vielfältige Familienformen und multiple Elternschaft, u.a. durch die Reproduktionsmedizin, erfordern eine Anpassung der Rechtslage sowie der sozialen Dienste und Angebote. In diesem Heft werden Reformbedarfe und Lösungsansätze aus der Praxis vorgestellt.

Die Einzelhefte kosten 14,50 €, für Mitglieder des Deutschen Vereins 10,70 €. Mit einem Jahresabo erhalten Sie vier Ausgaben zum Preis von 42,70 € bzw. 25,90 € als Mitglied – inklusive eines kostenloses Zugangs zur digitalen Version. Für Bibliotheken und andere Institutionen bieten wir ein kostengünstiges digitales Abonnement über Preselect.media GmbH.

Wenden Sie sich an unseren Mitglieder- und Abonnentenservice:

Sandra Redlich, Tel. 030 62980-502, E-Mail: redlich@deutscher-verein.de

Fachhochschule der Diakonie

Jeder Raum bietet die Chance, sich in ihm zu entfalten.

Praxisnahes Wissen und Diakonische Werte - mit uns erweitern Sie Ihre Perspektiven

fh-diakonie.de